CRITERIOS

Escribir y leer
con los niños, los adolescentes y los jóvenes

Breve antimanual para padres, maestros y demás adultos

Escribir y leer
con los niños, los adolescentes y los jóvenes

Breve antimanual para padres, maestros y demás adultos

Juan Domingo Argüelles

OCEANO

ESCRIBIR Y LEER
CON LOS NIÑOS, LOS ADOLESCENTES Y LOS JÓVENES
Breve antimanual para padres, maestros y demás adultos

© 2010, Juan Domingo Argüelles

Ilustraciones de portada: iStockphoto.com/Ferran Traite Soler

Fotografía del autor: Jaime Chalita

D. R. © Editorial Océano de México, S.A. de C.V.
Boulevard Manuel Ávila Camacho 76, 10º piso,
Colonia Lomas de Chapultepec, Miguel Hidalgo,
C.P. 11000, México, D.F.
Tel. (55) 9178 5100
info@oceano.com.mx

Primera edición: 2011

ISBN 978-607-400-425-0

Impreso en México / Printed in Mexico

Para Rosy, Claudina y Juan,
que dan sentido a mi experiencia:

De poco sirve el mucho afán
sin alegría en la existencia.

ÍNDICE

△

¿De qué le sirve a un hombre ganar el mundo entero si arruina su vida?

Marcos, 8, 36

El hombre es un niño que con la edad adquirió conocimientos, juicio y experiencia, pero pagó un alto precio: perdió su imaginación [...] No cabe duda que ser inteligente es armonizar todas las facultades, dosificarlas, desarrollarlas, utilizarlas, comprenderlas, saber para qué sirve cada una. Por ejemplo, la razón para razonar, para pensar lógicamente, pero también para saber que, a veces, más importante que tener razón es ser razonable. Entender es absorber, aprender, adquirir conocimientos, pero de poco nos sirven éstos si lo único que hacemos es almacenarlos. Hay que tener imaginación para que sean útiles, ya que la imaginación es la luz que ilumina nuestra inteligencia [...] Lo primero que tenemos que saber es que no es inteligente odiar, envidiar, codiciar, vengar, etcétera, por una simple razón: porque a quien perjudican en primer lugar es a quien las experimenta. Son destructivas y nos llevan a la ruina del cuerpo y del alma [...] La cultura no es exhibir, es asimilar que nuestra alma e inteligencia absorban y digieran una serie de conocimientos, experiencias y facultades que le permitan ejercitarlas, ser más civilizada, más libre, más inteligente emocional e intelectualmente, más creativa, más feliz y más justa, que es de lo que se trata cuando hablamos de civilización.

Jaime Smith Semprún

Nadie es una elección absoluta de sí mismo; pero nadie, tampoco, puede eximirse de elegir. No nacemos libres, nos hacemos libres.

André Comte-Sponville

ANTES QUE NADA

△

Parece obvio que las ideas y las emociones bien encaminadas transforman a las personas. En el mejor de los casos, más humanamente y de una forma integral: en intelecto y en espíritu; en el peor, sólo desde el punto de vista de la mejoría técnica y del dominio de las habilidades y las destrezas, pero no muy cerca de la espiritualidad ni de la ética. Aun en el más fructuoso de los casos, "la humanidad importa más que la sabiduría", como bien señala André Comte-Sponville.

Saber hacer algo, y hacerlo bien, a veces no tiene nada que ver con hacerlo razonable y éticamente. Los oficiales nazis (muchos de ellos, ilustrados) que participaron en el exterminio del pueblo judío, hacían las cosas con eficacia, pero sin inteligencia emocional. Infligieron el mayor de los daños a otros seres humanos, siempre convencidos de que aquello no era otra cosa que "trabajo" y que cumplían meritoriamente con su deber.

Erich Fromm advierte que la maldad, al igual que la bondad, tiene también sus grados, pero el mayor mal que podemos cometer es el que va dirigido al aniquilamiento de la vida, y se vuelve más grave y más monstruoso cuando ese grado extremo de maldad es una elección que ha pasado, de algún modo, por el alfabeto, la escolarización, el conocimiento y la cultura.

Una persona analfabeta tiene tal vez algún atenuante; una persona cultivada no lo tiene, menos aún cuando es libre de elegir partiendo de una distinción que, de antemano, no ignora: la oposición entre el bien y el mal.

Como ha dicho Stephen Vizinczey, los nazis, al igual que todos los criminales fanáticos, "carecían de la capacidad imaginativa para ponerse en el lugar del otro". Cerraron su entendimiento, a pesar de poseer cultura. Su idea única era una abstracción: la Idea de la supremacía racial y, por supuesto, cultural.

Lo peor del dogmatismo y del fanatismo acerca de La Idea es que hacen que las ideas, y la pasión hacia ellas, pongan en primer plano los conceptos teóricos y en uno muy secundario, y más bien marginal, a las personas.

Así, las ideas acaban siendo más importantes que los hombres, cosa peligrosísima; como cuando se cree que lo jurídico y lo legal pueden relevar a lo justo, lo moral y lo ético. Tiene razón Fernando Savater: "Sin alma, de nada sirven conocimientos ni destrezas".

Si cada quien tiene la suficiente inteligencia emocional y ética para poder examinar y cuestionar la naturaleza de sus actos y de su pensamiento, es menos probable que llegue a cometer atrocidades. Comte-Sponville añadiría: "El amor, aun el más débil, aun el más enfermizo, vale más que la mayor omnipotencia que existiera sin amor".

En su crítica a Kant, Michel Onfray advierte que quienes viven en la idealidad de la teoría y no en la realidad de la práctica, "de tanto venerar las ideas, terminan por despreciar a las personas". Cualquiera conoce a algunos que llenen perfectamente esta descripción: aquellos que viven más a la sombra de los libros que al sol de la realidad.

Es saludable que los lectores tengamos esto en cuenta. Es sano tomar, así sea de vez en cuando, un poco de sol fuera del universo teórico de los libros. El único mundo que *realmente* existe es el de todos los días, con libros o sin ellos.

Las ideas son ideas; los hombres son reales: somos nosotros los que ponemos en práctica las ideas, para bien o para mal. Paul Éluard lo dijo bien: "Hay otros mundos, pero están en éste. Hay otras vidas, pero están en ti".

16

En el asunto de la lectura, como en todos los demás asuntos de la vida, necesitamos más una buena y humilde filosofía práctica que todas las utopías cultas y las mitologías nobles, o teñidas de nobleza, con las que hemos venido aderezando nuestros discursos en busca de conseguir multitudes lectoras de libros.

En nuestro elogio de la idealidad hemos llegado al extremo de creer que la realidad no existe, pese a que es la realidad la única que puede *hacer realidad* nuestros deseos razonablemente realizables.

Lo demás es puro humo, y retórica efectista, como cuando decimos, demagógicamente, que somos realistas porque pedimos que se cumpla lo imposible. No seamos sofísticos; reivindiquemos la verdad: *lo imposible nunca se cumple.*

Aunque el diccionario admita locuciones retóricas propias del lenguaje de la superación personal y la autorrealización, "hacer realidad lo imposible" no es otra cosa que un barbarismo. Lo imposible es, por definición, lo que no es posible, independientemente de que nos guste o no, sea para el caso de la lectura o para cualquier otra empresa.

Éste no es un prontuario ni un catecismo. No es un manual de instrucciones. Son sólo algunas reflexiones que desea compartir un lector inveterado cuyo objetivo principal en la vida no es leer libros sino tratar de ser feliz. No vivir para leer, sino leer para vivir o, mucho mejor, leer un poco para vivir algo más.

De nada les servirá entonces este libro a quienes sí tienen como propósito superior en su existencia la lectura de libros y la torrencial acumulación de bibliografía; esos que dicen —sin reparar en el sinsentido de su afirmación— que *los libros son mejores que la vida*: declaración decepcionante, frígida y amargada, mucho muy por debajo de la del resignado Stéphane Mallarmé que, con magistral desilusión, escribió en su "Brisa marina": "¡Ay!, la carne es triste, y ya he leído todos los libros".

Estas páginas están destinadas a lectores comunes y potenciales. Bibliólatras y dogmáticos, abstenerse.

que luego se hicieron libros. La escritura y la lectura son como el amor: así como nadie puede obligarnos a enamorarnos de una persona determinada, del mismo modo nadie tiene el poder para obligarnos a enamorarnos de los libros. Se ama o no se ama, y todos tenemos que descubrirlo por nosotros mismos. La única ayuda que puede servirnos es el entusiasmo que los otros profesan por ese amor. Pensando en esto he actualizado el viejo refrán que dice que "cuando los problemas entran por la puerta, el amor sale por la ventana". Lo he reformulado así: "Cuando la obligación de leer entra por la puerta, el amor a los libros se va por la ventana".

Un querido amigo que, además de gran lector, es un notable especialista en el tema de la lectura, se muestra contrario a la idea de que leer tenga que ser siempre un acto de libertad, pues sostiene que algún grado de obligación tiene que haber para que las personas adquieran el dominio y el hábito de leer libros. Haciendo un paralelismo con la música, sostiene que Mozart no hubiera sido el genial músico que fue si su padre no lo hubiese obligado a disciplinarse en el arte musical.

El problema con este ejemplo es que resulta muy endeble para lo que se desea probar. Mozart era un genio, pero los genios no se fabrican nada más con disciplina. Hay muchísimos músicos muy disciplinados —a quienes desde muy niños se impone la práctica de un instrumento— que nunca llegan a nada o que, para el caso, nunca llegan, por supuesto, a ser Mozart, que es *único* en la historia de la música.

El problema con este ejemplo es que Leopold Mozart, padre de Wolfgang Amadeus, también obligaba a tocar a su hija Ana María y ésta, sin embargo, nunca consiguió alcanzar ni el virtuosismo ni la genialidad de su hermano menor.

Otro problema más de un ejemplo así es que, si nos referimos al genio (artístico, musical, deportivo, etcétera), podríamos añadir que nunca nadie obligó a tocar a Louis Armstrong ni a John Lennon. Y, en el terreno deportivo, jamás nadie obligó a jugar futbol a Pelé ni a Maradona. El virtuosismo o la genialidad de estos músicos y futbolistas se deben al entusiasmo, el placer, la alegría y la pasión que la música o el futbol despertaron en ellos desde muy temprana edad, a tal grado de absorberlos, sin necesidad de que nadie los obligase a tocar y a componer ni mucho menos, por supuesto, a jugar futbol. No hay que perder de vista que, en todos estos casos, nos referimos a genios, a individuos que se apartan del común de la gente.

Los ejemplos no funcionan muy bien si los extrapolamos en las figuras de los más altos o los más ínfimos, que casi siempre resultan excepción. En cambio funcionan mucho mejor cuando su punto de partida es la mediana proporción, que es donde nos situamos casi todos los lectores y los escritores; unos más medianos que otros, desde luego, pero todos medianos al fin y al cabo.

Pero incluso ahí el ejemplo de mi amigo es débil, pues entre personas más comunes que brillantes lo que vemos, en general, son músicos expertos pero sin genio, y lectores capaces de decodificar y comprender un texto, pero sin entusiasmo apasionado por leer libros de manera autónoma. Habría que preguntarnos cuántos de ellos provienen de la pedagogía de la obligación, y cuántos de ellos tenían realmente, desde un principio, inclinación por la música o por los libros.

Es desde ahí, desde la medianía, donde podemos ver más nítidamente la realidad. Ni desde las cumbres ni al ras, sino desde lo que compartimos. Y es desde ahí que hemos podido ver —a lo largo de todos los tiempos, pero sobre todo ahora— que la imposición de leer libros más que producir lectores apasionados ha conseguido todo lo contrario: vacunar contra la lectura. Habría que recordar, en este punto, una antigua sentencia muy al caso: "Una excesiva tensión rompe el arco".

Daniel Pennac nos recuerda, con mucha sensatez, que "nuestras razones para leer son tan *extrañas* como nuestras razones para vivir", y añade que

propia voluntad; que se sienta como algo agradable, y que uno se acostumbre lentamente a un tipo de conducta que puede llegar a extrañar si deja de practicarla. Uno de los aspectos lamentables de nuestro concepto occidental de la disciplina (como de toda virtud) es que se supone que su práctica debe ser algo penosa y sólo si es penosa es 'buena'. El Oriente ha reconocido hace mucho que lo que es bueno para el hombre —para su cuerpo y para su alma— también debe ser agradable, aunque al comienzo haya que superar algunas resistencias.

La clave del aprendizaje y aun de la disciplina, para Fromm, está en la siguiente frase que recito: "es esencial que la disciplina no se practique como una regla impuesta desde afuera, sino que se convierta en una expresión de la propia voluntad". Esta idea ya está en Nietzsche. En *La gaya ciencia* nos dice, casi con los mismos términos de Fromm, que hay que aprender a amar, porque cuando lo hemos aprendido (del mismo modo que aprendemos a *escuchar* la música y no sólo a *oírla*), "estaremos siempre, en definitiva, recompensados por nuestra voluntad, nuestra paciencia, nuestra equidad y benevolencia para lo extraño". Y así concluye que hasta el que se ama a sí mismo lo habrá aprendido por el mismo camino de vencer la extrañeza, y *acostumbrarse* a las cosas, seducido por el encanto. En este caso, valga decirlo, el encanto (en un principio, tal vez, insospechado) de su propia persona.

Nietzsche y Fromm sabían que el goce y, con ello, el aprendizaje del amor, no podían venir acompañados de imposiciones ni de abusos contra nuestra libertad. Para disfrutar algo, para gozarlo realmente, es fundamental que lo hagamos en libertad. Voltaire, siempre apasionado, pero también siempre tolerante y respetuoso de la libertad de los demás, afirma: "Ser verdaderamente libre es *poder*. Cuando *puedo* hacer lo que quiero, ahí está mi libertad. Mi libertad consiste en andar cuando quiero andar". Y lo mismo puede decirse al conjugar cualquier otro verbo: mi libertad consiste en amar, cuando quiero amar; en bailar, cuando quiero bailar; en jugar, cuando quiero jugar; en leer, cuando quiero leer, etcétera.

Si amamos porque deseamos amar es más fácil que aprendamos las virtudes del amor y nos hagamos entusiastas y generosos amantes. Si leemos porque, en principio, tenemos inclinaciones lectoras, seguramente será muy placentero aprender y desarrollar los gustos intelectuales y emocionales, la inteligencia, la sensibilidad, el conocimiento y la riqueza espiritual, a partir de nuestras ávidas y deseosas prácticas de lectura. Pero si, por el contrario, la disciplina de leer nos es impuesta sin que a nuestros impositores les importen realmente nuestros gustos e intereses, es natural que un muy alto porcentaje de lectores obligados no sólo no desarrolle ninguna afición por la lectura, sino que aborrezca los libros, en nombre de todo el sufrimiento y el hartazgo que le han representado, es decir, por todo lo que ha tenido que soportar. No es así como se aprende a amar.

Cuando se habla de "hábito de lectura", muchos promotores y fomentadores del libro, excitados por el fanatismo bienintencionado, no llegan siquiera a meditar que los hábitos no son siempre, necesariamente, placenteros: que hay muchos que nos daría gran satisfacción no tener, o bien otros que nos resultan absolutamente ajenos como para tener algún mínimo entusiasmo de adquirir. Tengo buenas razones para sospechar que una de las causas del fracaso de la promoción y el fomento de la lectura es, precisamente, no considerar esta premisa básica.

La política ortodoxa de la promoción y el fomento del libro habla siempre de crear en los que no leen "el hábito de la lectura". A partir de mi experiencia y de la observación directa, yo afirmo que lo mejor no es el hábito (que, ya sabemos, no hace al monje), sino la afición y el gusto o, para decirlo con un término prestado del inglés, el *hobby*, que se puede traducir precisamente como afición o como pasatiempo preferido. Insisto en que los hábitos son

25

do nunca cómo se hacen: las aprendieron haciéndolas. Los libros nos hablan en silencio; llaman nuestra atención del modo más sutil. Por ello, no vale la obligación de leer. Lo que cuenta es la seducción. Francisco de Quevedo escribió:

> *Retirado en la paz de estos desiertos,*
> *con pocos pero doctos libros juntos,*
> *vivo en conversación con los difuntos,*
> *y escucho con mis ojos a los muertos.*

Pocos libros; ni siquiera se necesitan muchos, porque la lectura no es asunto de implantar marcas mundiales, sino de gozar, de disfrutar, de hallar placer y contento en lo que se lee. Y si el gusto nace en la infancia, sin imposiciones, difícilmente lo perdemos cuando ya somos adultos.

Gabriel García Márquez sostiene que, a pesar de las excepciones, en general "el hábito de la lectura se adquiere muy joven o no se adquiere nunca", y que "lo más probable es que se adquiera por contagio", como sucede también con la música, con la pintura, con la danza, etcétera. Y ahí donde el adulto impone su mano dura y obliga a leer, la lectura se vuelve desilusión y hartazgo. La lectura que menos dura es la que nos fue impuesta con mano dura.

Para decirlo con palabras de Fernando Savater, y muy lejos de clichés y concepciones políticamente correctas:

> *El que valga para leer, leerá*: en pergamino, en volumen encuadernado en piel, en libro de bolsillo, en hoja volandera o en la pantalla del ordenador. *Leerá por nada y por todo, sin objetivo y con placer*, como quien respira, como quien se embriaga o enreda sus piernas en las de alguien apetecible. *Sólo eso importa cuando la pasión manda*. Y así he leído yo no toda mi vida pero sí en los mejores momentos de mi vida. [Las *cursivas* son mías.]

Lo que no debemos olvidar es que, tanto para leer como para escribir libremente, es necesario alimentar el fuego de la infancia y la tinta de la niñez, donde se encuentran las raíces de nuestra vocación cuando realmente la hay, pues en la vocación (que algunos llamamos *destino*) encontramos, casi siempre, el entusiasmo de quien juega y se toma ese juego con ímpetu apasionado.

No hay otra forma de leer, y de inventar el mundo, si no es con algo de imaginación y con la más alta disposición para ello. En este punto, muchas veces, la pedagogía encalla, pues, como ha escrito Pennac, "¡qué pedagogos éramos cuando no estábamos preocupados por la pedagogía!"

Los niños y los poetas todos los días nos están salvando, mientras que muchos adultos carentes de imaginación y fantasía, tienen por consigna arruinar nuestros sueños y destruir nuestro mundo. En este punto recuerdo los primeros versos de un hermoso y lúcido poema de Juan Gelman ("Lecturas"): "La niña lee/ el alfabeto de los árboles/ y se vuelve ave clara. Cuánta/ paciencia ha de tener en aulas/ donde le enseñan a no ser".

Antoine de Saint-Exupéry nos hace ver el profundo sentido de una obviedad que, con bastante frecuencia, olvidamos: "Todas las personas mayores empezaron siendo niños". Otra certeza, que acompaña a esta verdad es la siguiente: Sólo muy pocas personas mayores pueden comprender los libros para niños, pero muchos niños pueden comprender perfectamente los libros y a las personas mayores. Sólo que las personas mayores, en general, están convencidas de que es necesario obligar a los niños a no ser ellos mismos, sino a ser y a pensar como los adultos que todo lo miden por la obediencia a la autoridad.

Comte-Sponville vuelve a tener razón: el trabajo, es decir la obligación, no es ni un valor ni una virtud, sino un medio que nos puede servir para alcanzar la felicidad. No es un fin en sí mismo. El trabajo hecho en libertad nos lleva a amar la vida; no a idolatrar el trabajo. En otras palabras, "el trabajo sólo es una salvación

29

Si una virtud tiene hoy internet es la de haber abolido, en gran medida, esa disociación: ante la pantalla, el que lee también escribe; es productor y no sólo consumidor de textos. La calidad y el valor de lo que se escriba ya son otros asuntos, pero la recuperación de la capacidad de escribir, para unirla a la capacidad de leer, es un logro importante de fines del siglo xx y principio del xxi.

Escribir y leer constituyen una bisagra, un gozne que articula nuestras capacidades intelectuales y emocionales más que físicas: éstas —las físicas— de todos modos se activan cuando nos movemos, giramos la cabeza, levantamos la vista por encima del libro, el cuaderno o la pantalla, y vemos que el mundo todavía está allá, a pesar de que por momentos, en nuestra soledad, nosotros mismos fuimos el mundo.

Juan José Arreola* dijo en cierta ocasión que había que enseñar a los niños a escribir y no únicamente a dibujar las letras y las palabras. Al igual que el leer, el escribir potencia nuestras posibilidades de comunicación y nuestro reino elegido de soledad. Leer es imaginarnos; escribir es trazar nuestra propia imagen.

"La mejor razón para escribir es poder leer algo que uno necesitaba leer", sostiene, espléndidamente, Gabriel Zaid*. Y añade:

> Aunque sea descubrir el Mediterráneo, aunque lo escrito esté en la Tabla Universal. Inevitablemente, se escribe mucho por ignorancia: porque se ha leído poco, por no saber que ya estaba escrito algo que uno necesitaba leer. Ignorancia que puede ser inteligente: leerlo todo, antes de empezar a escribir, es pasivo y absurdo. Un ser humano no funciona así.

Lo importante, a fin de cuentas, es que los alfabetizados escriban algo, lo que sea, con entera libertad, aunque no se dediquen de manera profesional a la escritura. Todos podemos hacer ejercicio físico, aunque no nos interese convertirnos en atletas.

Sin embargo, no hay que olvidar que entre leer y hacer deporte, hay quienes prefieren lo segundo, y lo prefieren también por encima de escribir. Muy su libertad. Es lógico que quienes privilegian el desarrollo de su musculatura descuiden, en cierta medida, la robustez de su cabeza. Pero también hay quienes están absorbidos de tal modo por la escritura y la lectura, que el ejercicio físico les parece intrascendente. Prefieren ejercitar su cerebro más que sus músculos. Muy su gusto, también.

En ambos casos (desarrollar los músculos o desarrollar el cerebro) hay un innegable placer que a veces desemboca en arrogancia y vanidad: los que se sienten *mejores* por ser *más fuertes*, y los que se sienten *superiores* por ser *más inteligentes*. Hay que tener un razonable cuidado con estas creencias, un tanto irracionales. Más que por supremacía, hay cosas que hacemos porque nos placen, y no tenemos que dar a nadie explicaciones por ello.

Escribir es ejercicio sedentario y, por lo general, muy solitario. Mientras uno escribe, el mundo alrededor se hace más íntimo. Pero después el mundo vuelve a abrirse en toda su vastedad y riqueza. Por lo demás, se aprende a escribir escribiendo. No hay otra fórmula ni existe método alguno que nos lleve a escribir apasionadamente si ya lo intentamos mil veces y no nos gusta escribir.

José Saramago* decía que escribir es un oficio empírico: se aprende con la experiencia o no se aprende. Y es, como ya dijimos, un ejercicio íntimo del que no tenemos que dar cuentas a nadie y que sólo revelamos (antes de hacerlo público) a quienes se nos antoja y con quienes, por elección propia, deseamos compartir lo escrito.

Quien escribe es "sueño y pensamientos reunidos", añade el escritor portugués. Por ello, el escribir es antes que cualquier cosa una pasión. A ningún escritor se le puede exigir que nos explique sus motivos y que revele sus propósitos. A veces ni él mismo los sabe, pero no por ello deja de hacerlo.

Sólo los burócratas y los tecnócratas creen que es posible

escribir, y escribirnos, en medio de sordos bullicios de equipos de trabajo. Si hay un placer solitario, ése es el de escribir. Se escribe felizmente, si así lo deseamos y, si no, a otra cosa, que para todo hay oficio y hay lugar.

Por lo demás, comprender el arte de elegir es facilísimo a partir de analogías y oposiciones. Algunos o muchos de los que leemos y escribimos no deseamos distraer demasiado tiempo, y a veces ninguno, en el deporte o el deporteísmo. Si lo hacemos acaso es por prescripción médica. Pero entre ejercitarnos físicamente y ejercitarnos intelectualmente, preferimos esto último. No por otra razón, sino por el mismo placer que ello conlleva. Cada quien es dueño de sus placeres y no tiene ninguna obligación de dar cuenta de ellos, ni de justificarse, porque no desee seguir los placeres que otros privilegian.

Placer, alegría y felicidad son emociones que están dentro de la vocación, pues vocación es también inspiración, disposición natural hacia algo, inclinación gozosa que se despierta sin que nadie nos fuerce a ello, lejos de la imposición. Destino es también rumbo: la ruta, el camino que se abre ante nosotros y el cual seguimos sin estar espoleados por el deber. Puede ser incluso que lo entendamos como una misión o una responsabilidad, pero nunca como una carga lastimosa. En esto consiste *ser lo que se es* de manera genuina; lo que somos, alegremente, sin prórroga ni tardanza. O, para decirlo con la afortunada síntesis aforística de un personaje de la espléndida novela *Lunas* de Bárbara Jacobs*: "Lo que para uno es vital, para otro es prescindible".

Al referirse a nuestras preferencias, en su *Arte de amar*, Ovidio* es sentencioso, para que entendamos y distingamos. Escribe:

> No todas las tierras producen los mismos frutos: la una conviene a las vides, la otra a los olivos, la de más allá a los cereales. Las disposiciones del ánimo varían tanto como los rasgos fisonómicos.

34

Y, para que entendamos mejor, concluye: "Cada uno se preocupa de lo que le gusta".

¿Por qué tendríamos que estar sufriendo lo que no nos gusta? Sólo los que escriben por encargo cosas que les pagarán y que necesitan cobrar para sobrevivir hacen de la escritura una rutina y un hartazgo. Ése es trabajo de galeotes. Escribir por gusto es otra cosa. Y si no encontramos placer al escribir, esto es seguramente porque, para nosotros, la vida está en otra parte.

*SI QUIERES, LEE...

- Arreola, Juan José, *La palabra educación*, edición de Jorge Arturo Ojeda, Secretaría de Educación Pública, 1973; 2ª edición, Diana-Conaculta, México, 2002.
- ——, *Inventario*, Grijalbo, México, 1977.
- Jacobs, Bárbara, *Juego limpio (Ensayos y apostillas)*, Alfaguara, México, 1997.
- ——, *Lunas*, Era-UNAM, México, 2010.
- Ovidio, *El arte de amar / El remedio del amor*, traducción de Francisco Crivell, introducción y cronología de Carlos García Gual, Edaf, Madrid, 1998.
- Saramago, José, *Somos cuentos de cuentos*, Aguilar, Madrid, 2008.
- Zaid, Gabriel, *La poesía en la práctica*, Debolsillo, México, 2010.

DOS COSAS QUE, RAZONABLEMENTE, PUEDEN EVITARSE

Pensar que los niños se tragan todo

- Si deseamos que los niños se aficionen a la lectura y a la escritura hay que tener cuidado, durante el proceso de iniciación, de no darles gato por liebre y sí, por el contrario, brindarles siempre algo digno de sus expectativas, su sensibilidad y su inteligencia. Si, en relación con la literatura, los autores que escriben "para niños" tomaran en cuenta las capacidades y potencialidades de sus destinatarios, escucharan sus puntos de vista y observaran sus reacciones, habría, con seguridad, más y mejores libros dignos de ser disfrutados y atesorados por los niños, sin que tengan que ser, forzosamente, "niñerías". Por ejemplo, uno no puede sino agradecer que los grandes escritores sean publicados en libros destinados a los niños. En este caso no se trata de escribir "para los niños", sino de compartir una espléndida escritura de madurez artística e intelectual "con los niños", que sin lugar a dudas, por intuición natural, saben distinguir entre algo espléndido (y por ello pleno de disfrute) y algo artificioso y bobo con lo que, frecuentemente, se les quiere tomar el pelo. Es importante saber que los niños no se tragan todo, aunque algunos adultos crean lo contrario. Leer y escribir con los niños tendrían que ser ejercicios llenos de calidez pero también de calidad. Razonablemente, hay que evitar darles únicamente lo que a nosotros, adultos, nos parece "lo mejor y lo más apropiado" para ellos, y que casi siempre son artificios de gran ramplonería. Asimismo, desechar la falsa suposición de que no tienen capacidad para juzgar. Por supuesto que la tienen y, además, la aplican en tanto les concedamos el necesario margen de libertad. Es de lo más habitual que, cuando intentamos interactuar con los niños, lo primero que se nos ocurre es añoñarnos. Los niños tal vez sientan lástima por esos adultos extrañamente infantilizados, que quieren parecer niños, pero sólo consiguen parecer tontos.

Comportarse con superioridad ante los niños

- Un lector atento involucra en su natural disposición la sensibilidad y la inteligencia. Los niños, que están iniciándose en la lectura, pueden ser lectores muy atentos y, en consecuencia, ser también muy sensibles y muy inteligentes. Tienen, además, una ventaja sobre muchos adultos: no cometen el pecado de avergonzarse por su ignorancia. Dudan y preguntan, sin prejuicios de ningún tipo. Saben que no saben y, por ello, desean saber. En su libro *El niño y la filosofía*, Gareth B. Matthews asegura que "el niño tiene unos ojos y unos oídos frescos para percibir la perplejidad y las incongruencias. Los niños también tienen, típicamente, un grado de candor y espontaneidad que difícilmente iguala el adulto". El niño constantemente está preguntándose en dónde comienza la realidad y en dónde la fantasía, y suele hacer que el adulto, que ha olvidado el arte de dudar y preguntar, se desespere ante cuestionamientos que no sabe cómo responder satisfactoriamente. Según opina Matthews, "algunos adultos no están preparados para enfrentarse a un niño sin apoyarse en la supuesta superioridad en conocimientos y experiencias de los adultos". Y ello ocurre, más que nada, porque las personas mayores han desaprendido o abandonado una actividad (la de asombrarse frente al mundo) que antes, en su niñez, habían disfrutado y encontrado natural. Por todo ello, es razonable hacer a un lado nuestra presunta superioridad de adultos cuando deseamos que los niños se aficionen por la lectura y la escritura. Tampoco hay que confundir las cosas: no somos niños ni podremos serlo otra vez, pero lo que sí podemos es comprender que ese fresco universo de la infancia tiene una escala de valores en la que no se admite la cotización de nuestras certidumbres y prejuicios. Si estamos con niños y con adolescentes, aprendamos de ellos a dudar y a preguntar. No lo demos todo por seguro.

II. LEER

△

Los más espabilados pensadores (desde Montaigne* hasta Savater*, pasando por Voltaire* y John Stuart Mill*) concluyeron que la única limitación a la libertad de una persona es la libertad de los demás. De ahí el viejo apotegma del que hizo vocación de fe San Agustín: *Ama et quod vis fac* ("Ama y haz lo que se te dé la gana").

Sin embargo, en este tema somos, por lo general, bastante hipócritas. El problema con la libertad es que nos da muchos problemas. Tantos, que no sabemos explicar por qué deseamos conculcar a los demás los derechos que exigimos para nosotros.

La libertad es, de tal modo, un acto responsable de cada quien que admite incluso, *aunque no nos guste*, la autodestrucción, en algunos casos propiciada, por ejemplo, por las industrias del tabaco y el alcohol, a tal grado legales que un amplio sector de gente culta (muy satisfecha de su intelecto) no protesta por ello y antes por el contrario ejerce su libertad fumando y bebiendo. Lectores y escritores, que razonan con lucidez sobre muchas cosas, fuman y beben en exceso a pesar de saber las consecuencias funestas de tales prácticas.

En sus *Crónicas presidenciales*, Norman Mailer* escribió:

Si bien es cierto que no tiene nada de atractivo el ver cómo una gran proporción de gentes se destruyen a sí mismas, debe reconocerse que el derecho de autodestruirse es también uno de los derechos inalienables, porque los demás no pueden conocer la razón que le asista a uno para auto-destruirse.

Hay incluso quienes se autodestruyen moralmente, con prácticas de corrupción, estupidez, egoísmo, lujo, consumismo, abuso de poder, etcétera, sin que se atrevan a admitir, por supuesto, que se están autodestruyendo. Esas tenemos con la libertad.

Leer es un ejercicio de libertad. Lo he dicho muchas veces en otros libros, pero creo que es necesario repetirlo en estas páginas: imponer la lectura es empezar a promover su desapego. ¿Cuándo se ha visto que el cine tenga que imponerse? Los peores músicos, según me cuenta un músico, son aquellos a quienes se les obligó a aprender a tocar el piano o el violín, cuando lo que deseaban era practicar el beisbol.

Todos los seres humanos tenemos incompetencias que, por mucho que nos esforcemos, o que nos obliguen a esforzarnos, no se subsanan y, muchas veces, ni siquiera se mitigan de modo sustantivo. Este dicho no lo aceptan ni fácil ni difícilmente los teóricos del todo-poder ("todo lo podemos hacer: basta que nos lo propongamos", etcétera) porque viven empeñados más en tener razón que en ser razonables.

Si pertenecemos a los alfabetizados, leer es cosa que hacemos todos los días (anuncios, letreros, indicaciones, instrucciones, etcétera), aunque no leamos libros por voluntad propia. Leer libros de profundidad reflexiva (filosofía, psicología, sociología, etcétera), obras literarias bellas y emotivas (novelas, cuentos, poesía, piezas teatrales) y volúmenes de divulgación y especialización científicas (matemáticas, química, biología, etcétera) es una experiencia estupenda que, sin embargo, no a todo el mundo fascina; en parte porque leer libros exige cierto temperamento y cierta disposición y, en parte, también, porque hay otras actividades (tanto o más deleitosas que leer) que absorben nuestro tiempo, nos colman y nos sacian. Muy nuestro gusto.

40

El primer derecho imprescriptible que reconoce Daniel Pennac* a las personas es el derecho a no leer.

> En el fondo —dice—, el deber de educar consiste, al enseñar a los niños a leer, al iniciarlos en la literatura, en darles los medios de juzgar libremente si sienten o no la "necesidad de los libros". Porque si bien se puede admitir perfectamente que un individuo rechace la lectura, es intolerable que sea —o se crea— rechazado por ella.

A fin de limitar este derecho, por lo que tiene de conflictivo en relación con la pedagogía y la educación formal, algunas personas afirman que el derecho a no leer que reconoce Pennac *sólo es válido para los lectores*. Es decir, únicamente pueden reclamarlo los que leen libros y, de vez en cuando, se conceden una breve pausa o un moderado receso en la lectura.

Esta interpretación, de carácter leguleyo, no deja de ser curiosa y un tanto ilógica, en cuanto que no coincide con lo que *literalmente* suscribe Pennac: una cosa es la alfabetización (que es parte de la educación formal obligatoria) y otra muy diferente la lectura autónoma que realizamos si nos place y sin que nadie nos fuerce a hacerla.

Acotar este derecho con semejante interpretación sería tanto como decir que nadie tiene derecho a rechazar la marihuana si antes no la ha probado, o que nadie tiene derecho a rehusarse a bailar si antes no ha bailado. Por supuesto que tenemos derecho a rechazar muchas cosas que no hayamos experimentado jamás: desde prácticas gastronómicas hasta hábitos sexuales, desde caminar sobre brasas hasta lanzarnos en *bungy*, etcétera.

Lo realmente importante es otra cosa: el derecho de todos a acceder al libro, y poder distinguir entre la lectura utilitaria de la escuela (que comienza con la alfabetización y continúa con las lecturas prescritas para aprobar exámenes) y la lectura autónoma, que podemos hacer o dejar de hacer sin que tengamos que dar a nadie cuenta de ello. (Hay que considerar que el analfabetismo real es cada vez menor en casi todo el mundo.)

Pero si deseáramos, si anheláramos (y habría qué responder, antes que nada, por qué lo deseamos, por qué lo anhelamos) que *todo el mundo* fuese lector de libros o que al menos no pasara por esta vida sin haber tenido la experiencia de la placentera lectura de algunos libros, sería cosa de pensar serena y razonablemente en ciertos principios básicos de aprendizaje que la vida misma nos enseña sin necesidad de ir a la escuela.

Aprender a leer, por ejemplo, es como aprender a caminar. Se empieza gateando y luego se dan los primeros pasos: se hacen los pinitos, para mantener el equilibrio, y es natural, y básico, que el que empieza se caiga y se levante. En esto consiste el aprendizaje. Pretender que todo el mundo se haga eximio lector de la noche a la mañana (cuando tiene toda una vida que sólo le alcanzará para leer una insignificancia de la multitud de libros) es tontear o hacernos tontos, soslayando el aprendizaje del caminar.

Aprender a leer es caerse y levantarse; leer cosas aburridas, insustanciales, triviales, profundas, libros maravillosos y soporíferos, obras excelsas y barbaridades. Pero todo ello es parte del aprender. La sensata, sensible e inteligente Michèle Petit* tiene el valor de hacer la siguiente defensa del cine y las lecturas de entretenimiento de su infancia, que le dieron las bases emotivas para luego disfrutar con toda intensidad las grandes obras maestras:

> Se han dicho muchas cosas malas sobre las películas de Disney. Pero la energía que me proporcionó la adaptación de *Peter Pan* me impide considerarla estupidizante [...] Mis intereses de niña me hicieron adorar a Donald y a Peter Pan, quienes me brindaron una vitalidad que los libros ilustrados del *Tío Castor* (por los que sigo sintiendo ternura) no lograron darme jamás.

Aprender a leer es como empezar a alimentarse. Primero, y antes que nada, la leche, y tres meses después las papillas. Es que el que empieza a alimentarse, para sobrevivir, aún no tiene dientes ni mastica, y ni siquiera puede llevarse por sí mismo el alimento a la boca. Pero ¿a qué madre o a qué padre o a qué adulto se le ocurriría darle a un recién nacido un lomo de cordero o un estofado de ternera? Seguramente a nadie que no esté afectado de sus facultades mentales, y sin embargo hay adultos que, cuando los niños apenas están aprendiendo a alimentarse culturalmente y a dar sus primeros pasos en la lectura, quieren que se traguen *La Celestina*, *El Cid*, el *Quijote*, la *Ilíada* y otros libros parecidos "porque los clásicos son el mejor alimento del espíritu". ¡Vaya lógica! Pero es la lógica de nuestra educación en lectura, que hace de cuenta que los primeros aprendizajes, con sus principios básicos, no existen.

Aprender es aprender a equivocarse, para luego enmendar. Y si alguien no aprende, ya la vida se encargará de recordarle su omisión o su falta de voluntad: se tropezará una y otra vez, hasta un día desbarrancarse, o se ahogará con un bistec mal masticado o se atragantará con el *Quijote*. Peor para él.

Aprender a leer, y sobre todo aprender a leer alegremente, es saciar el apetito placentero, como lo saciamos muchos de los que tuvimos como lecturas iniciales las historietas y no sabíamos nada de Cervantes ni de Hegel; como lo saciamos quienes nunca fuimos obligados a leer ni *El Pato Donald* ni *Archie* ni *Kalimán* ni *Fantomas*, y antes por el contrario fuimos amonestados continuamente por dar rienda suelta al gozo que es cosa mal vista en una sociedad que vive perseguida por la culpa de la "inutilidad".

Leer no es "productivo", no genera utilidades; porque leer es ocioso y gozoso. En una sociedad productivista, ocio y gozo tienen muy mala reputación y pésima propaganda. La única lectura que se admite es la que se hace "con responsabilidad social". ¡Vaya placer! Por todo ello hay gente que te obliga a leer: porque se siente obligada a obligarte en una autoritaria sociedad de la obligación.

*SI QUIERES, LEE...

- Mailer, Norman, *Crónicas presidenciales*, traducción de Francisco Elías y Luis Buelta, Caralt, Barcelona, 1964.
- Mill, John Stuart, *Sobre la libertad*, traducción de Pablo Azcárate, prólogo de Isaiah Berlin, 3ª edición, Alianza, Madrid, 1981.
- Montaigne, Michel de, *Ensayos completos*, traducción de Juan G. de Luaces, Porrúa, México, 1991.
- Pennac, Daniel, *Como una novela*, traducción de Joaquín Jordá, 8ª edición, Anagrama, Barcelona, 2001.
- Petit, Michèle, *Nuevos acercamientos a los jóvenes y la lectura*, traducción de Rafael Segovia y Diana Luz Sánchez, Fondo de Cultura Económica, México, 1999.
- ——, *Lecturas: del espacio íntimo al espacio público*, traducción de Miguel y Malou Paleo, y Diana Luz Sánchez, Fondo de Cultura Económica, México, 2001.
- ——, *Una infancia en el país de los libros*, traducción de Diana Luz Sánchez, Océano, México, 2008.
- ——, *El arte de la lectura en tiempos de crisis*, traducción de Diana Luz Sánchez, Océano, México, 2009.
- Savater, Fernando, *Perdonadme, ortodoxos*, Alianza, Madrid, 1986.
- ——, *Ética para Amador*, Ariel, México, 1992.
- Voltaire, *Tratado de la tolerancia*, edición, prólogo y notas de Palmiro Togliatti, Crítica, Barcelona, 1984.
- ——, *Cartas filosóficas y otros escritos*, Alba Libros, Madrid, 1999.
- ——, *Diccionario filosófico*, edición de Ana Martínez Arancón, prólogo de Fernando Savater, Temas de Hoy, Madrid, 2000.

DOS COSAS QUE, RAZONABLEMENTE, PUEDEN EVITARSE

Obligar a leer a los adolescentes libros que no les interesan

- Obligar a leer ya constituye en sí mismo un error, pero este error (y es terror) puede aún agravarse: obligar a leer a los adolescentes lo que está completamente fuera de

44

sus intereses. Comte-Sponville se pregunta: "¿Qué quedaría de nuestra libertad si los tecnócratas y los burócratas decidieran en nuestro lugar?" Si deseamos realmente que este sector de la población se aficione a los libros y a la lectura, una tarea que no implica demasiado esfuerzo es conocer sus preferencias vitales. Los adolescentes no tienen inconveniente en exteriorizarlas. No les demos Carlos Fuentes cuando lo que quieren leer es Lovecraft. Y no nos escandalicemos porque desean leer libros de muy bajo nivel intelectual y de nulo prestigio literario, si en esas lecturas ellos le encuentran sentido positivo al acto de leer. Ayudémoslos más bien a ir encontrando, en sus placeres, los libros que los marcarán y que fijarán en ellos el gusto por leer. Nadie se ha muerto por leer a Carlos Cuauhtémoc Sánchez, y un lector de *Juventud en éxtasis* puede perfectamente dar un paso y llegar a *Cien años de soledad*. Los que leímos a Irving Wallace, o *Papillon* y *Juan Salvador Gaviota*, entre otras cosas parecidas, lo sabemos de sobra.

Imponer la lectura como una salvación religiosa de responsabilidad social

- Para los que leemos ávidamente, la lectura constituye un placer. No lo haríamos si ello constituyese un sufrimiento. Dentro de las patologías de la lectura, hasta los que leen con deleite libros aburridos encuentran alegría en su quehacer. Son los masoquistas de la lectura. De ahí que podamos concluir que lo que mueve a la mayor parte de los lectores no es la salvación del mundo ni la mejoría social, sino simple y llanamente su propia felicidad, la satisfacción que encuentran en los libros. Si partimos de la imposición de la lectura para mejorar la realidad social, y le damos a este fin un aura de responsabilidad religiosa, todo se vuelve doctrina y utopía y estamos destinados a fracasar como fomentadores y promotores del libro. Si la lectura mejora a la sociedad esto es sólo una consecuencia del bien individual. El que vive feliz con lo que hace, sin incordiar a nadie, no tiene mucho tiempo para echarle a perder la vida a los demás. Una sociedad con mejor educación y, además, con gusto por la lectura, puede ser una sociedad más habitable para todos. Pero no leemos para esto. Leemos porque nos gusta, y si no nos gusta no leemos. Engendrar hijos felices y despiertos es, en parte, una consecuencia de hacer bien el amor. Lo más importante, lo decisivo, no es interpretar o escuchar música, sino qué sentimos y pensamos al hacerlo, y cómo esto modifica nuestra existencia. Lo mismo se puede decir de escribir y leer. Si el propósito es cuasi religioso y tiene que ver con acumular libros como se acumulan penitencias para la salvación del alma, entonces a ver a qué adolescente convencemos de que leer es estupendo.

46

III. LEERNOS

△

No siempre podemos responder, satisfactoriamente y sin dudas, a la pregunta de por qué leemos. En gran medida porque ni nosotros mismos sabemos por qué, y en gran parte también porque ni siquiera nos hacemos esta pregunta. Leemos y nada más o, porque, como dijera Savater, "sólo eso importa cuando la pasión manda". A fin de cuentas, leemos porque nos gusta, porque se nos antoja, porque nos agrada más que cualquier otra cosa, porque simple y sencillamente se nos pega la gana.

Saramago formula estas pertinentes preguntas que nadie tiene obligación de responder: "Quien lee, ¿para qué lee? ¿Para encontrar, o para encontrarse? Cuando el lector se asoma a la entrada de un libro, ¿es para conocerlo, o para reconocerse a sí mismo en él? ¿Quiere el lector que su lectura sea un viaje de descubridor por el mundo del poeta (poeta es todo el hacedor literario), o, sin querer confesarlo, sospecha que ese viaje no será más que un recorrido por sus propias y conocidas veredas?". A veces, buscando al escritor o a los personajes en un libro nos encontramos a nosotros mismos.

En *La dificultad de ser*, Jean Cocteau* hace un ajuste de cuentas con su vida. Más que memorias, este libro es un anticipo de su inscripción en la sepultura. "Ya he cumplido los cincuenta —escribe. Es decir que a la muerte no le debe de quedar un camino muy largo para reunirse conmigo. La comedia está ya muy avanzada. Me quedan pocas frases por decir."

47

Cocteau viviría tres lustros más, pero sintió que, al cumplir el medio siglo, debía decir algunas pocas cosas a propósito de sí mismo, que quizá después ya habría olvidado o, en circunstancias extremas, ya no le importarían demasiado. Tanto le interesaba este libro que, hacia el final de sus días, lo corrigió casi como si fuera su testamento. El editor francés lo explica en la última página de la edición definitiva: "Poco antes de abandonarnos, Jean Cocteau nos entregó un ejemplar de *La dificultad de ser* corregido en varios puntos. Nos hemos atenido fielmente a esa versión postrera".

A imitación de Montaigne, Cocteau traza el perfecto autorretrato con los rasgos esenciales de su carácter y su estilo:

> No soy ni alegre ni triste. Pero puedo ser ambas cosas de forma absoluta, con exceso. Durante la conversación, si el alma fluye, acontece que se me olvidan las penas de las que salgo o un mal que padezco, que me olvido de mí mismo por lo mucho que me embriagan las palabras y me arrastran las ideas.

Habla de su infancia y de las nociones esenciales que marcaron su vida: el teatro, la amistad, el sueño, la lectura, el dolor, la risa, la belleza, etcétera, hasta confluir en la vislumbre del rostro de la muerte. Aprovecha para reprocharse "el tener demasiadas cosas que decir y no tener suficientes que no haya que decir". Pero, a fin de cuentas, concluye que "en última instancia, todo tiene arreglo, menos la dificultad de ser, que no lo tiene".

Esta certeza es una de las verdades filosóficas más profundas: no hay ser sin dificultad, y no hay modo de arreglar esto sino sabiéndolo y aceptándolo. Por ello ser triste o ser alegre no son categorías excluyentes, sino complementarias. El dolor y la alegría se relevan y a veces se empatan. La enfermedad y la salud son cosas de todos los días y, por lo demás, ninguno de estos dos términos dice demasiado sobre lo que realmente somos como personas. Recordemos lo que Sigmund Freud señalaba al respecto:

La salud es un concepto práctico puramente convencional, y no tiene ningún significado científico real. Significa simplemente que una persona anda bien; no significa que esa persona tenga algún mérito en especial. Hay personas "sanas" que no tienen mérito alguno, y hay en cambio personas "enfermas" que son en verdad individuos muy meritorios.

Volviendo a *La dificultad de ser*, todo el libro de Cocteau es espléndido y no puedo sino recomendarlo. Pero me detengo en unos párrafos que yo hubiera querido escribir. Ante la imposibilidad de ser su autor, me doy la satisfacción que me ha dejado Cocteau: ser el lector que cita textualmente sus palabras para, al compartirlas con otros, sentir que él también las escribió. El autor es Cocteau, pero el que habla es el lector:

"Leer es harina de otro costal. Leo. Creo que leo. Cada vez que vuelvo a leer, caigo en la cuenta de que no había leído. Es lo malo de una carta. Encontramos lo que buscábamos. Y con ello nos contentamos. La guardamos. Si la volvemos a encontrar, leemos otra carta que no habíamos leído antes.

"Los libros nos hacen las mismas jugarretas. No nos parecen bien si no encajan en nuestro humor del momento. Si nos molestan, los criticamos, y esa crítica se superpone y nos impide leerlos lealmente.

"Lo que el lector quiere es leerse. Al leer aquello con lo que está de acuerdo, opina que podría haberlo escrito él.

"Cuanto más nos importa un libro, peor lo leemos. Nuestra sustancia se infiltra y lo piensa para nuestro propio uso. Por eso, si quiero leer y convencerme de que sé leer, leo libros en los que no penetre mi sustancia. En los sanatorios en donde he pasado largas temporadas, leía lo que me traía la enfermera o lo que se me ponía por casualidad al alcance de la mano. Eran libros de Paul Féval, de Maurice Leblanc, de Xavier Leroux e incontables novelas de aventuras o policiacas los que me convertían en lector atento y humilde. Rocambole, el señor Lecoq, el crimen de Orcival, Fantomas, Chéri-Bibi, al tiempo que me decían: 'Sabes leer', me hablaban tan excesivamente en mi propia lengua que no podían impedirme hallar, incluso sin saberlo, cierto asidero, ni evitar que mi mente les diese una deformación a la medida de su cuerpo. Es tan cierto esto que digo que puede oírse más de una vez, por ejemplo, refiriéndose al libro de Thomas Mann* *La montaña mágica*: 'Quien no haya estado tuberculoso no puede entender este libro'. Ahora bien, Thomas Mann lo escribió sin haberlo estado, para que quienes no conocieran la tuberculosis la entendiesen.

"Todos estamos enfermos y sólo sabemos leer los libros que tratan de nuestra enfermedad".

*Si quieres, lee...

- Cocteau, Jean, *La dificultad de ser*, traducción de María Teresa Gallego Urrutia, Siruela, Madrid, 2006.
- Mann, Thomas, *La montaña mágica*, traducción de Mario Verdaguer, Diana, México, 1969.

Dos cosas que, razonablemente, pueden evitarse

Querer iniciar a los niños con el *Quijote* y demás clásicos

- El *Quijote* es un libro maravilloso. Los clásicos son maravillosos. No es por nada que han atravesado los siglos y aún permanecen vivos. Pero todos estos libros son por lo general maravillosos para aquellos que ya tenemos avidez por la lectura, y hemos ido, a lo largo de nuestra experiencia, añadiendo más exigencias a nuestro placer. Si nuestro paladar literario aún no desarrolla ciertos gustos, el *Quijote* y demás clásicos pueden resultar contraproducentes para empezar a comer porque es probable que su sabor nos parezca algo fuerte cuando no repulsivo. Los adultos que amamos los clásicos tendemos a pensar que los que se inician en la lectura deben empezar por *lo mejor* y no nada más por *lo bueno*. Queremos formar *gourmets* y por eso nos espanta que los comensales comiencen con garnachas. Pero éste es un gran error que puede hacer que el lector inicial odie la lectura y los clásicos para siempre. A su tiempo, los lectores llegarán a los clásicos, y es bastante probable que un libro sin ninguna gloria literaria prepare perfectamente a un lector para llegar felizmente al *Quijote, La Celestina* y las *Soledades* y, además, disfrutarlos. No confundamos lo bueno con lo conveniente.

Asumirnos como los modelos de perfección porque leemos

- Si el único propósito de leer es acumular lecturas y la única consecuencia visible de ello es volvernos vanidosos y arrogantes porque *sabemos* y *somos mejores que los demás*, entonces el asunto resulta más ordinario que sublime, y menos noble de lo que solemos decir para hacerle propaganda a la lectura de libros. La mayor parte de los lectores consumados nos presentamos ante los demás como los modelos a seguir. Esto es muy aburrido y petulante. Casi sin darnos cuenta, todo el tiempo estamos exhibiendo el don de nuestras opiniones sabias sobre esto y aquello. No hay cosa que no hayamos leído; no hay libro que no conozcamos. Y queremos decirles a los demás que estamos tan satisfechos con lo que somos que si los demás no nos imitan son unos zopencos. Los adolescentes y los muy jóvenes se ríen de todo esto. Nos creemos sus modelos y somos sus bufones. Ningún adolescente que se respete

51

aspira sinceramente a ser el tipo engolado, impostado, jactancioso y vanidoso que tiene por profesor, por padre o por tutor. No está entre sus más gloriosas ambiciones. Y si todo ello le parece consecuencia de leer libros, le hacemos una pésima propaganda a la lectura. Si muchos de nosotros no aguantamos fácilmente un programa de televisión en el que salen a cuadro unos sabihondos fatuos y engreídos, que saben de todo y de lo demás, hay que imaginar el grado de repulsa que despierta este modelo en los adolescentes llenos de vitalidad, irreverencia y oposición a la autoridad establecida. Ser lectores no quiere decir que tengamos que convertirnos en unos engreídos pasmarotes admirados de nosotros mismos. Nuestra imagen es el verdadero mensaje. Y es del todo natural que los muchachos piensen que si eso es lo que hacen los libros con nosotros, entonces ellos tienen que huir de los libros a toda carrera.

IV. LEER *BIEN* Y COMPRENDER

△

En alguna ocasión, José Saramago expresó: "He leído con placer muchas cosas que no he entendido". Esta sincera confesión difícilmente sería admitida por los teóricos de la comprensión de la lectura si saliera de los labios de un adolescente o de un joven estudiante.

Puede ser que, a regañadientes, lo aceptaran en boca de Saramago, por su gran prestigio y su espléndida literatura, y porque, además, no se hubieran atrevido a contradecirlo sin más argumentos que sus preceptos técnicos. Pero estos mismos, teóricos medrosos ante las figuras de autoridad intelectual, son también los que amedrentan a los niños, los adolescentes y los jóvenes con el reproche airado de que "no entienden nada porque leen muy mal".

¿Qué es leer *bien*? ¿Qué es leer mal? ¿Cómo sabemos que alguien es *buen lector*? ¿Por qué decimos que alguien es mal lector? (Hay quienes hablan de *verdaderos lectores*, es decir *de ellos mismos*, porque estiman que también los hay *falsos,* es decir *todos los demás.*)

A estas preguntas básicas, la mayor parte de los teóricos, muchos escritores y una enorme cantidad de lectores responden siempre con generalidades, muchas de ellas muy ambiguas, o bien con un único concepto aparentemente irrebatible: el de la "comprensión de la lectura".

Entre las generalidades de marcada ambigüedad está una, por ejemplo, en la que todos caemos, hemos caído o solemos caer. Decimos, y creemos, que un mal lector —es decir una persona que

53

lee mal— es aquel que no entiende exactamente lo mismo que nosotros entendemos al leer un libro. ¿Por qué concluimos esto? Muy simple: porque *nosotros leemos bien* y, luego entonces, *somos buenos lectores.* No se nos ocurre, en ningún momento, que hayamos leído mal o que seamos malos lectores, sino que siempre es *el otro* el que no ha entendido lo que leyó.

Esta generalidad entronca con una especificidad que se ha convertido en el argumento favorito de los teóricos, los académicos dogmáticos, los dueños de toda preceptiva y, últimamente, los tecnócratas de la educación. Nos referimos a la "comprensión de la lectura" que, las más de las veces, sólo reconoce respuestas verdaderas únicas. Bajo esta óptica, el único que comprende, está comprendiendo o ha comprendido lo que lee, es aquel que responde *lo que debe responder,* y nada más.

¿Cuál es el problema de este enfoque, aparentemente científico? Uno muy evidente: que sólo es posible dar respuestas únicas ante textos planos, informativos o simplemente elementales, que no presentan ninguna profundidad interior ni alientan el pensamiento especulativo ni la percepción emotiva. Únicamente en este tipo de textos, dos más dos son cuatro.

Pero *comprender,* por ejemplo, el "Tango del viudo" o el "Galope muerto", de Neruda*, o *comprender* "Eva está dentro de su gato" o el "Monólogo de Isabel viendo llover en Macondo", de García Márquez*, no tiene que ver en absoluto con respuestas únicas y exactas, de carácter matemático. Así, la lectura que hace Antonio Skármeta* de ciertos poemas de Neruda es *sólo una* entre otras muchas que los demás lectores podemos hacer, sin que tengamos que coincidir forzosamente en todo con Skármeta.

En textos literarios, las respuestas "verdaderas" son tantas como las sientan y las perciban los lectores, y el hecho de que no coincidan unas con otras no quiere decir que no se haya comprendido lo que se leyó. Incluso, desde el punto de vista de la lectura profesional, un crítico literario lo que tiene es *una versión* sobre

54

lo leído, que puede ampliar nuestro horizonte de comprensión, pero que de ningún modo cancela otras posibilidades de entendimiento e interpretación. Una cosa es tener entusiasmo en lo que se afirma y otra muy distinta es el fanatismo de creer que se posee la Única e Irrebatible Certidumbre. El sabio Ramón Gaya* lo dice extraordinariamente: "El crítico no es que deba tener seguridad, sino confianza en lo que dice".

Algo cierto es que un "buen lector" no es, de ningún modo, aquel que lee los textos de creación y de reflexión (la literatura y la filosofía) como si estuviera leyendo las noticias del periódico. Más que excluirse unas a otras, las múltiples respuestas emotivas e inteligentes que aportan los lectores complementan entre sí la comprensión plural de un texto.

De igual forma, los textos filosóficos, y no únicamente los literarios, están llenos de múltiples posibilidades de interpretación, y lo mismo podríamos decir de los textos de psicología, política, sociología, derecho, religiones, etcétera, porque su propósito esencial es favorecer, alentar y estimular nuestro pensamiento, valiéndonos de nuestro propio entendimiento. Si esto no es así, ningún texto de esta naturaleza merece que se le considere poesía, cuento, novela, filosofía, psicología, etcétera.

Oscar Wilde* dividía los libros en tres clases:

1. *los que hay que leer,*
2. *los que hay que releer,* y
3. *los que no hay que leer jamás.*

Entre estos últimos mencionaba específicamente "todos los libros en que se intenta probar algo". ¿Por qué lo decía Wilde? Porque el que escribe un libro *para probar algo,* lo tratará de probar a cualquier precio, incluso torciendo el entendimiento.

Si alguien quisiera probar que los que leen malos libros (y un mal libro puede ser cualquiera, según las filias y las fobias de un determinado lector) son proclives a cometer delitos, es del todo seguro que encontrará los suficientes ejemplos para demostrarlo, aunque tenga que ocultar o ignorar los ejemplos contrarios que desmientan su teoría.

Por otra parte, muchos lectores dogmáticos suelen afirmar que si una persona obra mal (es decir, negativamente, según los convencionalismos) o no se transforma positivamente después de leer libros, esto es sólo consecuencia de que los ha leído muy mal o de que "no los ha comprendido".

Ésta es una barbaridad culta que incluso muchas personas inteligentes llegan a sostener, evidenciando así que la inteligencia no siempre nos salva de creer en tonterías. Mucho más sensato y razonable que otros escritores e historiadores, en relación con los nazis cultos —que leían y escuchaban buenas obras literarias y musicales, independientemente de que se dedicaran a matar a sus semejantes en los campos de concentración—, George Steiner* ha dicho:

"Sabemos que un hombre puede leer a Goethe o a Rilke por la noche, que puede tocar a Bach o a Schubert, e ir por la mañana a su trabajo en Auschwitz. Decir que los lee sin entenderlos, o que tiene mal oído, es una cretinez".

Lo políticamente correcto es decir que un hombre que lee buenos libros y escucha buena música se transforma automáticamente, casi por ósmosis, en *una buena persona*. Pero esto no es una norma. La gran pensadora Hannah Arendt* llegó a creer en este cliché cuando, en su libro *Eichmann en Jerusalén*, afirmó que Adolf Eichmann (el oficial nazi que gestionó directamente el traslado y la ejecución de judíos en los campos de exterminio) no entendió en absoluto a Kant*, pese a que el mismo Eichmann afirmó y reiteró durante su proceso que era un muy atento y devoto lector del autor de la *Crítica de la razón pura* y la *Crítica de la razón práctica*.

El filósofo francés Michel Onfray* escribe dos textos (la obra de teatro *El sueño de Eichmann* y el ensayo *Un kantiano entre los*

56

nazis) para refutar a Arendt, pues, según demuestra, Eichmann no sólo comprendió perfectamente a Kant, sino que muchas de sus acciones estaban normadas por el concepto de obediencia debida a la autoridad, que aparece en varias páginas kantianas.

Leer bien y comprender un libro no es reductible a dar las respuestas previsibles que esperan y alientan los examinadores. Por lo demás, la mayor parte de los libros son plurivalentes y plurisignificativos, es decir no contienen una única posibilidad de interpretación ni una única Verdad Absoluta. En nuestro afán de probar que *hacer el bien* es una consecuencia directa de leer bien, y por lo tanto comprender, *buenos libros*, les atribuimos a éstos una potencia milagrosa que no necesariamente tienen, y descalificamos a los lectores que no llegan a las mismas conclusiones de lectura a las que llegamos nosotros.

En no pocos casos, cuando en efecto no se comprende bien lo que se lee, la incomprensión de la lectura puede no ser culpa del lector sino del autor: también hay libros falsamente profundos y pretenciosos que no fueron escritos para comprenderse, sino para que el autor engolado, y engolosinado con su propia persona, ostente su vanidad al tiempo que oculta su falta de profundidad espiritual y de entendimiento detrás de una redacción artificiosamente "difícil", inextricable, pomposa y aburrida.

Un periodista recogió, en 2008, la siguiente declaración del inteligente escritor portugués António Lobo Antunes*: "No hay libros incomprensibles; hay lectores estúpidos". Si estas palabras son textuales, Lobo Antunes se extralimitó sin duda, y habló con escasa inteligencia, pues es obvio que no sólo hay libros incomprensibles, además de lectores avispados, sino también libros pésimos, desechables, absurdos, prescindibles, infames, etcétera; en otras palabras que no todos los libros son indispensables para todos, pues muchos de ellos sólo tienen un valor de uso para aquel lector que los aprecia y que acaso los comprende, independientemente de las buenas o malas acciones de dicho lector.

*Si quieres, lee...

- Arendt, Hannah, *Eichmann en Jerusalén: Un estudio sobre la banalidad del mal,* traducción de Carlos Ribalta, Lumen, Barcelona, 2000.
- García Márquez, Gabriel, *Ojos de perro azul,* Diana, México, 1987.
- Gaya, Ramón, *Obra completa,* edición al cuidado de Nigel Dennis e Isabel Verdejo, prólogo de Tomás Segovia, Pre-Textos, Valencia-Madrid, 2010.
- Kant, Immanuel, *Obras selectas. Crítica de la razón pura / Crítica de la razón práctica,* traducción de Manuel Fernández Núñez, E. Miñana y Villagrasa y Manuel García Morente, El Ateneo, Buenos Aires, 1961.
- Lobo Antunes, António, *Libro de crónicas,* traducción de Mario Merlino, Siruela, Madrid, 2001.
- ——, *Segundo libro de crónicas,* traducción de Mario Merlino, Mondadori, Barcelona, 2004.
- Neruda, Pablo, *Residencia en la tierra,* Losada-Océano, México, 2000.
- Onfray Michel, *El sueño de Eichmann / Un kantiano entre los nazis,* traducción de Alcira Bixio, Gedisa, Barcelona, 2009.
- Skármeta, Antonio, *Neruda por Skármeta,* Seix Barral, México, 2004.
- Steiner, George, *Lenguaje y silencio: Ensayos sobre la literatura, el lenguaje y lo inhumano,* traducción de Miguel Ultorio, Gedisa, Barcelona, 2000.
- Wilde, Oscar, *Ensayos y diálogos,* traducción de Julio Gómez de la Serna, Hyspamérica, Madrid, 1985.

Dos cosas que, razonablemente, pueden evitarse

Exigir a todos los lectores que "comprendan" lo mismo en un texto

- Los primeros versos que me maravillaron los encontré en uno de los libros de texto de la primaria. Todavía los

58

recuerdo con felicidad, y no se han marchitado ni en mi memoria ni en mi estimación. Pertenecen al poema "Playera", de Justo Sierra, y dicen así:

Baje a la playa la dulce niña,
perlas hermosas le buscaré;
deje que el agua durmiendo ciña
con sus cristales su blanco pie.

Venga la niña risueña y pura,
el mar su encanto reflejará,
y mientras llega la noche oscura,
cosas de amores le contará.

Cuando en Levante despunte el día
verá las nubes de blanco tul,
como los cisnes de la bahía,
rizar serenas el cielo azul.

Fue necesario el paso de los años para darme cuenta, ya como adulto, que aquel poema no era un poema "para niños" y que aquella niña del poema no era precisamente una niña. Pero, incluso por lo que no entendí entonces, el poema me fascinó desde el primer momento, y me sigue fascinando hoy día que lo comprendo mucho mejor. Y si debo ser justo, con Justo Sierra, he de decir que a él debo, en gran medida, mi inclinación por la lectura y por la escritura de poesía. Lo anterior me lleva a decir lo que en otras muchas ocasiones he enfatizado: que no hay, exclusivamente, poesía ni poetas para niños. Lo que hay es poesía (regular, buena, excelente, extraordinaria, espléndida o genial) que, por sus características lúdicas y lúcidas, puede dialogar muy fácilmente con los

59

niños. Lo mismo ocurre con la prosa narrativa. Muchos de los grandes libros considerados hoy "para niños" (los relatos mitológicos clásicos; los *Cuentos de Mamá Oca*, de Charles Perrault; *Alicia en el país de las maravillas*, de Lewis Carroll, etcétera) no fueron escritos originalmente para ellos, sino a partir de ellos y para todo el lector atento, independientemente de su edad. Otra certeza es que no sólo *comprendemos* con el análisis inteligente, sino también (y esto ocurre, en gran medida, con la poesía) con la emoción, con el sentimiento. A veces algo que no entendemos nos seduce y nos lleva a seguir leyendo. Ya lo comprenderemos mucho mejor más adelante, a lo largo de nuestra vida. Lo importante es no exigirles a todos los lectores que "comprendan" lo mismo en un texto. A unos los seducirá la música, a otros la fantasía, a otros más lo que precisamente no comprenden pero los conmueve. A final de cuentas, la conmoción también es una forma de comprender: es decir, de saber que hay algo extraño que nos ha hechizado y que no sabemos cómo explicarlo y a veces ni siquiera cómo expresarlo: por eso nos quedamos callados.

Creer que la pedagogía de la lectura es mejor que la lectura misma

- En uno de sus espléndidos ensayos de *Creación y destino*, Albert Béguin afirma que se equivocan, aunque sea de buena intención, los promotores populares del libro que piensan que "para que el libro sea accesible a los nuevos lectores, es necesario rodearlo de todo tipo de explicaciones pedagógicas". Éstas quizá no siempre sobren, pero lo cierto es que, por lo general, tampoco hacen falta. La mejor pedagogía de la lectura es leer y lograr que los demás lean con interés y con placer, pues únicamente leyendo podemos saber si nos gusta o no la lectura. Todo lo demás está *alrededor de la lectura,* pero no es *la lectura.* Por otra parte, el entusiasmo sirve, pero si sólo funciona para nosotros y no somos capaces de contagiarlo, entonces es completamente estéril para los demás. Hay que añadir que, en nuestro esfuerzo por conseguir que los demás se sumen también a nuestro placer, debemos tener cuidado en no desdeñar las lecturas que no son prestigiadas ni juzgar a los lectores por su nivel de escolaridad. Hay personas que para llegar a las grandes obras clásicas entraron a la lectura por la puerta de la literatura de los puestos de periódicos. Un ejemplo lo refiere Béguin: "Conocí a alguien de origen absolutamente popular, que sólo estudió uno o dos años de primaria, donde no aprendió a leer, pero que mucho después, habiendo aprendido por sus propios medios, no conocía más que la literatura de los puestos de periódicos de las estaciones de tren (novelas populares o policiacas). Un día, por la mayor de las casualidades, abrió un libro que no era sino las *Obras* de Rimbaud, y quedó fascinado ante lo inaccesible de ese texto, y desde ese momento se abrió a la poesía, a la búsqueda de otras obras, y llegó así a la cultura: después de un descubrimiento y no a partir del loable esfuerzo de los pedagogos y de los críticos que somos nosotros". La tarea de los mediadores en la lectura es importante, pero no es más importante que la lectura misma. Quien ya hace lecturas de puestos de periódicos puede llegar a obras profundas y decisivas, pero tenemos que encontrar el mecanismo cordial e inteligente para que haga ese feliz descubrimiento y, con seguridad, no lo propiciaremos si en vez de aprovechar esa experiencia inicial de lectura, aplicamos nuestra severa pedagogía en desacreditar lo leído cuando el lector aún no ha tenido oportunidad de probar el nuevo platillo que enaltecemos como *mejor*. Habrá que repetirlo: A leer se aprende leyendo, del mismo modo que el amor se aprende amando, incluso si, al principio, uno lo hace mal o limitadamente. No hay otra forma mejor de aprendizaje que la práctica misma, más aún cuando nadie la estorba ni la ridiculiza. Pocas veces la acción es realizada por las personas que, antes de actuar, se preguntan una y otra vez qué deben hacer. Si tanto se lo preguntan es porque, en realidad, no saben qué es lo que quieren hacer. Y, frente a esta inseguridad, se paralizan. En cambio, cuando hacemos lo que nos place, pocas veces nos preguntamos por qué lo hacemos; más aún si partimos del principio de ejercer un derecho. Por supuesto, defender nuestro derecho a hacer lo que nos plazca, sin afectar a los demás, no es tarea fácil en una sociedad conformada por la imposición y el autoritarismo, desde las esferas legitimadoras de poderes (políticos, económicos, educativos, culturales, etcétera) que todo el tiempo conspiran contra el individuo en nombre de la uniformidad y el colectivismo. Creo que no le faltaba razón a Hermann Hesse: "Las obligaciones deben una gran parte de su carácter sagrado, si no todo, a la falta de ánimo en la lucha por una vida privada". La libertad y la autonomía individual sólo pueden conseguirse con persistencia y, casi siempre, a un precio que no todo el mundo está dispuesto a pagar. La comodidad del conformismo, en cambio, siempre será más barata.

V. ¿MÁS RÁPIDO ES MEJOR?

△

¿**V**elocidad es calidad? *¿Más rápido* es *mejor?* El consumismo, la acumulación, el afán desaforado de poseer y la utilización de internet, sin jerarquías ni relatividades, nos ha llevado a vivir en permanente zapeo. Rendimos culto a lo desechable, y son desechables incluso los afectos. Apretamos un botón y, *¡zaping!,* a otra cosa que tengo prisa.

Seguramente, por este afán y esta angustia, las políticas oficiales de lectura (lo mismo abiertas que en el ámbito escolar) concentran sus esfuerzos, y nuestros impuestos, en *más* y en *más rápido:* leer más libros en menos tiempo, porque el tiempo vuela, se va, desaparece, y lo necesitamos para leer más libros.

Éste es uno de los paroxismos más absurdos, en medio de un vértigo insensato. Más que promotores del libro, se necesitan partisanos de la lectura: gente de guerra que dé guerra para que todos lean *más* y *más rápido.*

Las desquiciadas políticas de lectura concluyen que para leer *más libros* hay que leer *más rápido,* porque antes han concluido que hay que leer *más libros* para ser *más sabios.* Sin embargo, leer más libros no es de sabios (pensemos en Sócrates, Platón, Montaigne, Schopenhauer, etcétera), sino de fetichistas. Leer más no da más sabiduría, sino más bibliografía. El velocista de la lectura no hace otra cosa que intoxicarse con los libros: su ingesta excesiva le impide asimilar los libros, aunque crea que *más* es *mejor.*

¿Para qué queremos leer a mayor velocidad? Para poder leer más libros. ¿Son mejores los que leen más libros? Falta probarlo, aunque las evidencias apuntan si acaso a mejorías técnicas y no, necesariamente, a mejorías éticas, emotivas e inteligentes. Personas muy inteligentes y sensibles han leído y leen no muchos libros, y eruditos hay que lo único que llevan es una vasta y desordenada biblioteca en la cabeza.

Leer más rápido lo único que nos garantiza es un mayor volumen bibliográfico, y no se puede entender la necesidad de leer más rápido sino a partir de la ambición de tener más tiempo para destinarlo a leer más libros. ¿O acaso el propósito es leer más rápido para despachar pronto los libros y dedicarnos, ahora sí con parsimonia y deleite, a ver la tele?

Como su nombre lo indica, la hipertrofia bibliográfica es una patología, no una virtud. Recordando a Montaigne, Edgar Morin* pone el énfasis donde hace falta: "La primera finalidad de la enseñanza fue formulada por Montaigne: es mejor una mente bien ordenada que otra muy llena. Está claro lo que significa 'una cabeza muy llena': es una cabeza donde el saber está acumulado, apilado, y no dispone de un principio de selección y de organización que le dé sentido. 'Una mente bien ordenada' significa que, más que acumular el saber, es mucho más importante disponer a la vez de una aptitud general para plantear y tratar los problemas, y de principios organizativos que permitan unir los saberes y darles sentido".

Cuando los saberes, o el conocimiento o la simple información, no pueden procesarse (para ser asimilados) ni se conectan unos con otros para que el lector entienda y asuma plenamente la realidad, toda lectura se queda en acumulación de letra muerta. Hay quienes creen, de veras, que *la meta es el libro* y no la vida; que la finalidad de todo es leer más y más libros; como si los libros, y no la vida, fueran lo importante.

¿*Más* es *mejor*? Schopenhauer sabía lo que decía:

La biblioteca más rica, si está en desorden, no es tan útil como una biblioteca exigua, pero bien ordenada. De igual modo, la masa mayor de conocimientos, si no ha sido elaborada por el pensamiento original, vale mucho menos que una masa menor varias veces asimilada.

¿Más rápido es *mejor?* Cada género, y aun cada libro, exigen su propia velocidad de lectura. En cuestión de lectura, ¿por qué tendría que ser la lentitud un defecto? Leer morosa y amorosamente no es lo mismo que despachar páginas a toda velocidad para, acto seguido, pasar, veloces, sobre otras páginas, porque ya nos esperan otros libros que demandan nuestra rauda lectura.

Leer con deleite casi nunca tiene que ver con la celeridad. La angustia de la urgencia mata casi siempre el placer de toda actividad, y aniquila incluso nuestra inteligencia emocional.

Manuel Ponce* no escribió los siguientes versos para que alguien pasara sobre ellos, disparadamente: "Voy a gusto/ —descuidadme, señores—/ en la rueda del mundo". ¿Y qué decir de: "Y todos cuantos vagan/ de ti me van mil gracias refiriendo,/ y todos más me llagan,/ y déjame muriendo/ un no sé qué que quedan balbuciendo"? ¿Acaso creen los velocistas de la lectura que san Juan de la Cruz* escribió esta maravilla a toda carrera para ser leída a una velocidad de 500 palabras por minuto?

*Si quieres, lee...

- Juan de la Cruz, san, *Poesías completas*, Aguilar, Madrid, 1989.
- Morin, Edgar, *La mente bien ordenada: Repensar la reforma, reformar el pensamiento*, traducción de María José Buxó y Dulce Montesinos, Seix Barral, Barcelona, 2000.
- Ponce, Manuel, *Antología poética*, selección y prólogo de Gabriel Zaid, Fondo de Cultura Económica, México, 1980.

65

DOS COSAS QUE, RAZONABLEMENTE, PUEDEN EVITARSE

Imponer el libro como castigo

- No hay peor pedagogía de la lectura que imponer el libro como castigo. Hacer que un adolescente que se ha comportado mal se trague sus palabras tragándose también un libro, es además de un abuso de autoridad una forma implacable de conspirar contra la lectura. ¿Qué es lo que queremos: que ame los libros o que los deteste? Obligándole a leer, como consecuencia de haber cometido una falta o de no poner atención en sus deberes escolares, es propiciar precisamente que odie los libros. Si partimos de que leer es un placer, es ilógico plantearlo como castigo. ¿Por qué lo hacemos? Porque sabemos que, en gran medida, para los adolescentes leer no es placentero. Los castigamos con un libro para que sufran la lectura y se arrepientan de sus faltas. Si usamos el libro como instrumento de tortura, jamás conseguiremos convencer a las víctimas de que leer es bueno.

Condicionar la satisfacción de otros placeres a cambio del obligado "placer" de leer

- La idea de que internet se opone a la lectura es una idea esencialmente equivocada. Internet no sólo no se opone a la lectura, sino que está propiciando también el ejercicio generalizado de la escritura. La oposición a internet proviene de los sectores y los lectores tradicionales que no quieren admitir la realidad: esta realidad real de todos los días (no tenemos otra) en la que internet cumple un papel decisivo no ya sólo para los adolescentes y los jóvenes, sino también para los niños y los adultos menos obcecados. Condicionar, por ejemplo, el tiempo de internet a cambio de leer libros en papel es una estrategia simplemente nostálgica cuando no retrógrada. Lo importante no es el soporte (el papel, en este caso), sino el contenido, y en internet también hay libros que pueden leerse sin necesidad de imprimirse. Lo que no quiere admitirse es que los nativos digitales se sienten más a gusto frente a la pantalla que frente al papel. En todo caso, no es condicionando una cosa por otra como conseguiremos que los muchachos se aficionen a la lectura de libros. Una cosa no tiene que ver con la otra. Los libros son importantes por las reflexiones y las emociones que suscitan, no porque estén en papel ni porque sus portadas impresas sean muy bonitas. El inteligente Heriberto Yépez ha dicho que "romantizar al libro impreso es mitologizar religión y capitalismo" y que "oponerse al libro digital es detener la sociedad del conocimiento, que es el modelo al que podemos apostar". Para Yépez, "es obvio que el libro de papel pronto perderá su protagonismo. Será objeto de colección. El *e-book*, a mediano plazo, nos conviene a todos". En realidad, quienes creen que leer en papel es "leer bien" y que leer en pantalla es perder el tiempo suponen siempre que el libro tradicional forma parte de una sacralidad donde el conocimiento casi se da por ósmosis. Pero no son sabios los que andan siempre con un libro bajo el brazo. Pueden ser perfectamente unos pedantes que creen que el hábito hace al monje y que por ello hay que presumir lo que se está leyendo. Lo que hay que empatar es el atractivo que internet tiene entre los nativos digitales con los valores atractivos de la lectura, sea en papel o en pantalla. Y si, de todos modos, los nativos digitales no leen en papel, sino en pantalla, tampoco se cae el mundo. Condicionar el placer del cine o el de la música o el de la convivencia con los amigos a cambio de leer libros es también otra estrategia fatal que sólo puede llevar a detestar los libros. Por lo demás, nadie puede condicionar el principio del placer, que consiste, según lo ha definido Comte-Sponville, en que "cada uno de nosotros se esfuerce por disfrutar al máximo y sufrir lo mínimo". Condicionarlo es el mecanismo más antipedagógico que pueda encontrarse para automáticamente cancelar la libertad de espíritu. "El placer es el primer y último bien —sentencia Comte-Sponville: incluso las virtudes no valen más que los placeres que nos procuran". Hasta el momento, la lectura (con sus políticas de fomento escolarizado e institucional) ha sido y es un enojoso deber más que un ejercicio hedonista. Por ello no atrae, sino que repugna, a los adolescentes. Nos hemos olvidado del principio del placer y nos hemos concentrado en la finalidad del deber. Ha sido un retroceso educativo en relación con la cultura clásica que privilegiaba el placer del conocimiento, donde descubrir y saber constituían experiencias gratas, además de formativas. Saber y aprender no excluían la experiencia del goce. Burgo Partridge nos hace el siguiente recordatorio: "Resulta fácil exagerar el hedonismo de los griegos, y muchos lo han hecho. Lo que cabe recordar es el excepcional equilibrio de la cosmovisión griega, su renuencia a permitir que el afán por conseguir una cosa impidiese el goce de otra".

VI. Lectura y mediatización

△

Los libros pueden ser, sin duda, eficaces mediatizadores. Y aquí el calificativo describe *lo que es*, no su bondad o su maldad. Eficacia es la capacidad de lograr el efecto que se desea o se espera. Muchos autores de libros desean o esperan ciertos efectos que, a veces, se cumplen.

Según el diccionario, mediatizar es "intervenir dificultando o impidiendo la libertad de acción de una persona o institución en el ejercicio de sus actividades o funciones". Paradójicamente, muchos libros de "autoayuda" son eficaces en esto, aunque sus autores declaren que se proponen lo contrario. Son instructivos para ir por un solo camino: Si quieres alegría, sigue la guía; para no hacerlo mal, no te salgas del manual.

Los autores de estos libros de recetas, que marcan caminos de perfección, basan su éxito en el hecho de que la mayor parte de las personas no desea complicarse la vida, sino recibirla supuestamente allanada. Son muchas las personas que prefieren vivir en la fantasía, o ya de plano en la mentira, con tal de evadir la realidad. Ahorran para el futuro, se preparan para el mañana, atesoran para lo que vendrá, y sacrifican todo el tiempo el aprendizaje cotidiano, a cambio de creer que otros les darán el saber masticado, en papillas, a lo largo de toda su existencia. No saben que el futuro es hoy y que el mañana nos alcanza siempre en el momento mismo de decir la palabra "mañana".

Mediatizados y coartados por un espíritu burocrático que los hace sentirse inútiles e incapaces, muchos individuos llegan a creer, de veras, que todos sus actos y aun sus pensamientos deben someterse a reglas inflexibles y a lecciones rígidas para "alcanzar el éxito". Pensar por sí mismos, para luego actuar, les parece entonces peligroso y, por tanto, atemorizante.

Inmovilizados por el terror al fracaso, creen que sólo los manuales pueden conducirlos convenientemente. La idea que tienen de los libros es que éstos son inconmovibles instructivos para actuar. Por eso tiene tanto éxito el género de la superación personal.

"Nadarás sin corcho", dice Horacio* en sus *Sátiras*, al aconsejar un sistema pedagógico que facilite el enfrentar y el salir por sí solo de las dificultades de la vida. Pero habiendo convencido socialmente a las personas de su necesidad de vejigas para nadar, nadie se echará al agua mientras no le den la pauta y el compás.

Mucho más sabio y liberador es el consejo que ofreció Juan Ramón Jiménez* a través de un dístico que Ray Bradbury* hizo célebre al utilizarlo como epígrafe general de su famosa novela *Fahrenheit 451*:

Si os dan papel pautado,
escribid por el otro lado.

Así es: seguir pautas y reglas tiene, sin duda su utilidad. Puede ser que quien no obedezca las disposiciones médicas agrave su enfermedad y a lo mejor termine mucho más pronto en la tumba. Pero cuando se trata de vivir y de desarrollar aquello que más deseamos, aquello que más nos inspira, y para lo cual se necesita espontaneidad y creatividad, las reglas y las pautas lo que hacen es detenernos y, en el mejor de los casos, desviarnos de nuestro camino natural. Hay quienes viven inmovilizados y atemorizados y no hacen nada por sí mismos: sólo pueden actuar si alguien los conduce.

Si algo queremos aprender en los libros, podríamos empezar por examinar algunas sentencias de la realista sabiduría de Sándor Márai*. Por ejemplo: "Venimos de la nada y desaparecemos en la nada; lo demás son fantasmagorías infantiles". Para Márai, "no hay otra manera de actuar más que equivocándose". Todo el aprendizaje de la vida se concentra en este aserto. Ya lo que haga el ser humano con su vida depende de cada quien: puede seguir un rumbo ético o todo lo contrario, sin que esto dependa, fundamentalmente, de los libros que haya leído o dejado de leer, pues "la estupidez y el genio humanos son capaces de todo".

Kant dijo que "el hombre es un animal que necesita un amo", lo cual es un disparate aunque lo haya dicho Kant, un gran filósofo que, entre muchas cosas brillantes y lúcidas, profesó una buena cantidad de necedades: por ejemplo, que es más importante obedecer la legalidad que la moralidad, y que aunque se tenga derecho a la resistencia hay que obedecer en todo momento la ley, incluso emanada de un tirano que ha llegado al poder por medio del terror y el magnicidio.

Esto prueba que hasta las mayores inteligencias asumen creencias torpes que, en todo momento, hay que examinar antes de legitimarlas como verdaderas basados únicamente en la autoridad y el prestigio intelectual de quienes las emiten. La capacidad de juicio es una de las mayores potencias que los seres humanos tenemos para defender nuestra libertad; para no dejarnos dominar y ser tratados como permanentes menores de edad por los más influyentes o por los poderosos.

Contrariamente a lo que sostenía Kant, Lin Yutang* afirmó que "el hombre es un animal escéptico", tan escéptico que a veces le cuesta mucho trabajo admitir que es un animal, pero es justamente esto, el escepticismo racional, lo que lo distingue de los demás animales.

Haciendo uso del juicio crítico y el análisis racional, Thomas Szasz escribió: "Entre las muchas tonterías que dijo Rousseau*, una de las más tontas es ésta: 'El hombre nace libre, y sin embargo

71

está encadenado por doquier'. Esta sentencia presuntuosa impide percibir claramente la naturaleza de la libertad; porque si la libertad es la capacidad para poder elegir sin imposiciones, el hombre nace encadenado, y el desafío que plantea la vida es la liberación".

Formar una sociedad paternalista de perpetuos menores de edad, que sólo pueden seguir instrucciones, es redituable, en parte porque a muchas personas les resulta cómodo que otros tomen las decisiones por ellos, aun cuando se trate de sus propias vidas. El espíritu dogmático pugna, cada vez más, por uniformarlo todo: el ciudadano tiene cada vez más obligaciones y cada vez menos derechos.

Pero mientras más decisiones dejemos en manos de los demás (sean autoridades intelectuales o poderes burocráticos establecidos), menos libertades ejercemos. Si hablamos de regulaciones y leyes, quienes las elaboran, aprueban, emiten y hacen que se cumplan no son precisamente las personas más lúcidas de una sociedad. En los congresos y en los tribunales no abundan los más capaces ni los más probos.

Una enorme explosión bibliográfica de autoayuda y superación personal —que llena las mesas y los anaqueles de las librerías— te dice que tu vida es un desastre porque no has seguido las debidas instrucciones. Te asegura que tienes un enorme potencial y que puedes lograr lo que sea, pero para ello debes seguir puntualmente las indicaciones.

Equivocarte, acertar y volver a equivocarte hasta aprender no ha sido un buen método, según afirman estos manuales. Por ello es necesario conducirte. No hagas nada por ti mismo en tanto no leas el prontuario. Sólo después de leerlo podrás actuar convenientemente. No olvides que los hombres son de Marte y las mujeres de Venus.

Aunque haya excepciones, en su numerosísima cantidad, tales libros no están destinados a abrirte la mente y el espíritu de iniciativa, aunque digan y juren que esto es lo que se proponen. Lo que desean es pastorearte como corderillo. Si tantos pastores y gurús existen es que el negocio es rentable y, además, los "beneficiarios" están dispuestos a ceder lo que sea con tal de no correr los riesgos naturales de la vida.

Lo peor es que muchos de estos libros están escritos por personas que tienen tantos o más problemas irresolutos que tú: familiares, conyugales, profesionales y, sobre todo, psicológicos, pero se asumen expertos en poder resolver los tuyos. En sus libros proceden como si no los tuvieran, y a veces se comportan tan incongruentemente que si los vieras de cerca saldrías huyendo sin hacer caso de sus consejos. Para decirlo con palabras de Heinrich Heine, "quien en su propia vida es necio, no puede ser sabio", además de que es absurdo utilizar como guías, en los senderos más oscuros, a quienes —por su dogmatismo ciego— ven mucho menos que nosotros.

Si los seres humanos no corren sus riesgos, si los adultos, si los ciudadanos no ejercen su autonomía y renuncian a ella, cediéndola a cualquier tipo de padre-poder, lo que perpetúan es una sociedad pueril e inerte que todo lo cede a la autoridad del paternalismo. Mientras más dejemos nuestra iniciativa en manos de los "expertos", menos sabremos cómo enfrentar la vida.

A decir de Savater,

> toda pasión tiene sus peligros y sólo los idiotas sueñan con una vida apasionadamente segura, como sólo los exangües buscan una seguridad apática. Quien no quiera mojarse que no aprenda a nadar, ni se atreva a amar o a beber. Y que no lea tampoco o que sólo lea para aprender, para destacar, para hacerse sabio o famoso, es decir: para seguir siendo idiota.

"Salta; ya aparecerá el piso", dice un proverbio. Sin embargo, son muchas las personas que, antes de dar un salto, quieren que alguien les asegure que caerán de pie. Se olvidan que lo único que nos asegura la vida es la muerte, y aun en el caso de que la muerte nos espante y no sepamos cómo enfrentarla, el sentido común de Montaigne nos tranquiliza: "No te preocupes; en su momento, la vida te enseñará cómo enfrentar la muerte".

Hoy existe un gran auge de toda una industria de la charlatanería embotellada en libros de presunta superación, autoayuda, autoconocimiento y autorrealización, escritos por autores, las más de las veces mercenarios, que en vez de hacer dudar, pensar e inquirir a los lectores ante los problemas y los conflictos de la vida, los conducen —sin escepticismo posible— por los únicos caminos rectos que aconsejan y exigen para alcanzar el éxito y la felicidad. La sabiduría de Sócrates, por cierto, nunca nos promete algo así. "Yo sólo sé que no sé nada", nos dice él incluso en los últimos momentos de su vida, poco antes de beber la cicuta. El verdadero aprendizaje no está hecho de recetas ni de métodos infalibles.

Lo peor es que, desde las mismas instituciones educativas, se acostumbra a las personas a los libros de "recetas infalibles" más que a los libros inquisitivos, de reflexión y debate. En el tema mismo de la lectura, lo que abunda no son los libros de abierta reflexión, sino los recetarios, en gran medida porque incluso los autores asumen que se están dirigiendo a incapaces a quienes hay que conducir en la oscuridad, en lugar de animarlos a que abran los ojos.

Estos autores son como los antiguos sofistas que te arrastraban a las tinieblas para, ahí, demostrarte que estabas ciego —puesto que no podías percibir nada— y que sólo dejándote llevar de la mano por ellos alcanzarías la sabiduría y la felicidad. Erich Fromm dijo que muchos de estos libros de recetas sobre cómo alcanzar el bienestar y el éxito "causan daño por su falsedad, y explotan el nuevo mercado que complace el deseo público de liberarse de un malestar".

*Si quieres, lee...

- Bradbury, Ray, *Fahrenheit 451*, traducción de Alfredo Crespo, Plaza y Janés, Barcelona, 1993.

- Horacio, *Sátiras / Epístolas / Arte poética*, traducción de H. Silvestre, Cátedra, Madrid, 1996.
- Jiménez, Juan Ramón, *Voces de mi copla* y *Romances de Coral Gables*, Taurus, Madrid, 1981.
- ——, *Piedra y cielo*, Taurus, Madrid, 1981.
- ——, *Diario de un poeta recién casado*, Taurus, Madrid, 1982.
- Márai, Sándor, *Diarios 1984-1989*, traducción de Eva Cserhati y A. M. Fuentes Gaviño, Salamandra, Barcelona, 2008.
- Rousseau, Juan Jacobo, *Las confesiones*, introducción de Juan del Agua, traducción de Pedro Vances, Espasa-Calpe, Madrid, 1983.
- ——, *Discurso sobre las ciencias y las artes / Discurso sobre el origen de la desigualdad entre los hombres / El contrato social*, Diana, Madrid, 2001.
- Yutang, Ling, *La importancia de vivir*, traducción de Román A. Jiménez, Sudamericana, Buenos Aires, 1999.

DOS COSAS QUE, RAZONABLEMENTE, PUEDEN EVITARSE

Poner a competir a los alumnos entre sí para ver quién lee más libros

- La escolarización (que no la educación) se fundamenta ya suficientemente en el egoísmo y la competencia como para anexarle también el territorio libre del placer de leer. Es otra de las estrategias fatales para formar lectores. Poner a competir a los niños y a los muchachos a ver quién lee más libros (según el número de reportes de lectura que entregue en clase) no formará lectores sino adversarios entrenados en la idea de la supremacía y el egoísmo. Por lo demás, leer un mayor número de libros en relación con otras personas no garantiza siquiera que somos mejores lectores. Lo único que prueba, sin ninguna duda, es una mayor aplicación y disciplina en una formalidad. Leer de verdad es otra cosa: no es competir con los demás, sino disfrutar lo que se hace (leer) sin tener otra recompensa que el placer mismo, el cual, por añadidura, nos entrega también conocimiento, emociones, espíritu crítico y muchas cosas más.

Reprender a los muchachos porque "sólo quieren leer estupideces"

- Algunos profesores están convencidos de que los muchachos "sólo quieren leer estupideces". Cuando se les pregunta qué estupideces son ésas, mencionan invariablemente las series de libros exitosos que han tenido gran aceptación precisamente entre los adolescentes. Pero si se les interroga el porqué los califican de "estupideces", sólo atinan a decir generalidades porque ellos mismos no han leído esos libros cuya lectura censuran. Es muy fácil calificar de estúpidos a todos los libros que no gozan de prestigio canónico, y sin embargo son esas "estupideces", y no las grandezas canónicas, intelectualmente prestigiadas, las que han conseguido que los adolescentes se interesen realmente por la lectura. Es muy fácil decir y probar, con buenos argumentos teóricos, que el *Quijote* es mejor que *Harry Potter* y *Crepúsculo*, porque partimos de nociones culturales perfectamente aceptadas. Lo difícil es generar nuestra propia opinión a partir de la propia experiencia de lectura, para saber también qué es aquello que cautiva o atrapa el interés de los muchachos, en el caso de las series de libros de J. K. Rowling y Stephenie Meyer, y qué es aquello que los aleja en el caso de la magistral obra de Cervantes. Calificar un libro, negativa o positivamente, sin conocerlo realmente es un ejercicio de arrogancia y necedad intelectual que no contribuye en absoluto a formar lectores.

VII. Lectura e incongruencia

△

¿Qué esperamos mínimamente de un profesor de ética? Que tenga escrúpulos. ¿Qué es lo menos que podemos pedirle a un promotor del libro? Que le guste la lectura. Ni siquiera es cosa de exigirle cantidades. El asunto es cualitativo. Que los pocos o los muchos libros que haya leído y que esté leyendo le sean una experiencia grata, y comunicable, puesto que desea que otros lean.

¿Por qué deseamos que los demás lean? Ésta es una pregunta fundamental para la que no todo el mundo tiene una respuesta satisfactoria o en cuya respuesta casi nadie se pone de acuerdo. Pero hay que formularla y responderla.

Un autor puede desear que haya más lectores, para vender más libros, obtener más ganancias y aumentar su publicidad. Un editor y un librero pueden tener los mismos propósitos, más allá de los beneficios culturales.

¿Pero cuál es el motivo por el que los promotores y fomentadores del libro desean realmente que haya más lectores? ¿Por qué lo desea la escuela? ¿Por qué lo deseamos, aparentemente, todos los hombres y mujeres de buena voluntad? Cada quien, según sea su función o su responsabilidad, tiene que responder sinceramente a esto.

Es obvio que no podemos ser fieles a todo, lo cual quiere decir que no podemos mantener *absoluta y total congruencia* entre lo que decimos y lo que hacemos. Los convencionalismos sociales, la cortesía gentil y la diplomacia profesional nos fuerzan, en ocasiones, a decir sí cuando, en realidad, lo que queremos decir es no.

En otras palabras, unos más otros menos, hacemos concesiones y, como casi todo el mundo, debemos asumirlas como parte de nuestras incongruencias y del derecho a la contradicción.

Pero lo que no podemos permitirnos es la infidelidad y la incongruencia en lo esencial, en lo fundamental, en el meollo de lo que somos y decimos ser. La incongruencia en el centro mismo de nuestro ser es, sin darle demasiadas vueltas, nuestra negación total. ¿Ejemplo? Un profesor de ética sin escrúpulos.

Si bien es cierto que todos tenemos derecho, en alguna medida, a nuestras contradicciones, la incongruencia en la parte sustantiva de lo que uno dice ser —o cree que es—, nos refuta del modo más absoluto, sin relatividad ninguna. Cuando las incongruencias se tornan monstruosas, es casi imposible tomar en serio a las personas, pues no podemos predicar una cosa y hacer todo lo contrario.

Es muy fácil ser generoso cuando se goza de opulencia. Lo difícil es serlo cuando las posesiones son pocas. Por lo demás, la filantropía y el altruismo son dos cosas que los potentados "filántropos" y "altruistas" ignoran casi por completo. Parecería que jamás han ido al diccionario para enterarse de sus significados. Filantropía: "Amor al género humano". Filántropo: "Persona que se distingue por el amor a sus semejantes y por sus obras en bien de la comunidad". Altruismo: "Diligencia en procurar el bien ajeno aun a costa del propio". Bajo el peso de estas definiciones: ¿Son altruistas los millonarios?; ¿son, siquiera, filántropos? ¿Procuran el bien ajeno aun a costa del propio? ¿Aman realmente al género humano? Hay incongruencias que, por definición, son definitivas.

Muchos predicadores se esfuerzan en enfatizar sus virtudes en público, y cuando creen que nadie los ve se comportan como si fueran otras personas, totalmente opuestas a su imagen pública. Pero nuestra imagen real es lo que cuenta, pues, como dijo Paul

Valéry*, "una convicción tiene fundamento sólo cuando resiste a las acometidas de la conciencia". Podemos engañar a todo el mundo, menos a nuestra conciencia.

¿Puede un psicólogo, que ayuda a otros, olvidar sus propias lecciones y consejos y comportarse como si él no tuviese nada que ver con lo que prescribe a los demás? Puede, desde luego, y los casos son abundantes, pero todo el edificio intelectual de sus preceptos se viene abajo con estrépito. ¿Cómo nos podría ayudar a curarnos de la angustia a la muerte alguien que vive angustiado por ella? ¿Cómo nos podría enseñar templanza en nuestras emociones un profesional que, ante los mínimos inconvenientes domésticos, explota con intemperancia?

¿Y qué decir del médico que nos aconseja higiene, buena alimentación y medidas sanas de vida, mientras él mismo cultiva con esmero un desorden alimenticio y, en general, una serie de hábitos insanos? ¿Le creeríamos al cultivado y egoísta patán que nos asegura que abrevar en la cultura nos transforma en seres humanos más nobles y solidarios?

La verdad es que siempre damos más ejemplo de lo que somos que de lo que decimos. Por ello, es natural que haya personas decepcionadas ante la afirmación de que los libros nos hacen mejores personas. Después de haber visto o padecido a recalcitrantes lectores absolutamente innobles, ¿cómo creer que la lectura de libros nos da superioridad espiritual e intelectual frente a los que nunca han leído un libro y que, probablemente, jamás lo lean?

¿Cómo podríamos volvernos felices lectores si quien nos aconseja amar al libro es un burócrata no lector, al que le aburre su trabajo, cuando no un político analfabeto y abyecto a quien los libros le tienen absolutamente sin cuidado, y ambos sólo dicen lo que suelen decir porque saben perfectamente que nadie refutará un aserto de gran corrección política?

Hay afirmaciones culturales que ofenden hasta a la más mediana inteligencia. Tenemos que dejarnos de certezas política-

79

mente correctas y de sentencias indiscutibles para, en vez de esto, analizar las cosas sin prejuicios.

Dejémonos de fanatismos cultos y de dogmas de gran corrección política, y asumamos el riesgo de pensar por cuenta propia: con libros, sí, pero también más allá de ellos, pues no olvidemos que, a final de cuentas, lo que importa de los libros no son los libros en sí, sino lo que suscitan en nosotros y de qué modo nos transforman.

La cultura por la cultura y el arte por el arte, como abstracciones nobles, nos juegan muchas veces muy malas pasadas y nos conducen a incongruencias patológicas. Por ejemplo, el cinéfilo que se conmueve ante el vagabundo de la película, y que incluso simpatiza con él, pero que ya fuera de la sala cinematográfica se topa con los vagabundos reales y lo que siente por ellos es repugnancia y aprensión. O bien, el gran lector de novelas que experimenta dolor y profunda consternación por las desdichas de los personajes ficticios (obviamente sublimados por la literatura), pero que en la calle, en la vida cotidiana, es prácticamente indiferente ante la miseria y la desgracia del prójimo.

¿Cuántos hay que se conmueven profundamente ante la música, la pintura, el teatro, etcétera, pero no ante el drama mismo de la vida? Es obvio que el arte por el arte no conlleva, necesariamente, una mejoría moral e intelectual de las personas, aunque los "cultos" casi nunca acepten esta obviedad. Le hemos dado un valor de fetiche a los objetos de la cultura, entre ellos al libro, y creemos que somos mejores porque nos sentimos mejores cuando leemos y porque leemos, cuando escuchamos música y porque escuchamos música, cuando nos maravilla un cuadro y porque nos fascina la pintura. Lo malo de todo es que no comprendemos cuál es la conexión entre estos productos de la cultura y la humanidad que los produce. Dicha incomprensión es más que escandalosa.

Uno de los mayores errores de nuestra cultura es haber deificado al libro como objeto cuando de lo que se trata en realidad es de un buen pretexto para hacer fluir nuestro propio pensamiento y desarrollar no únicamente nuestro intelecto o nuestras habilidades cognitivas, sino también, y sobre todo, nuestro espíritu de comprensión hacia los demás.

A causa de creer en los libros más como objetos autoritarios mágico-sagrados que como serviciales pretextos inspiradores del pensamiento y el espíritu, lo que tenemos, sobre todo, son concepciones fetichistas y totémicas cuando no ridículas sobre la lectura de libros.

Cuenta la historia que la famosa Biblioteca de Alejandría, la más imponente del mundo antiguo, fue incendiada y saqueada en varias ocasiones hasta su destrucción total, a manos de los cristianos, en el año 391. Se especula que esta gran biblioteca llegó a tener entre doscientos mil y novecientos mil volúmenes de manuscritos antiguos.

Producto de este vandalismo, algunos importantes textos manuscritos se perdieron para siempre. Nunca llegaron a los ojos de la modernidad. Pero tampoco se cayó el mundo. ¿Por qué? Porque aunque ciertas obras de Aristóteles, Euclides, Aristarco, Teofrasto y otros insignes pensadores no llegaron a nuestros días, los seres humanos continuaron pensando, escribiendo y publicando libros (más de los que podríamos leer), sin que la lamentable falta de esas obras antiguas detuviera su pluma y su pensamiento.

Incluso no pocos de esos libros, a lo largo de los siglos, versan sobre la destrucción alejandrina, y con ellos se podría hacer toda una biblioteca sobre historia y cultura. Aquel gran repositorio se perdió, pero ello no impidió que la humanidad siguiera generando libros y, sobre todo, pensamiento.

Que no se me malinterprete. No digo que incendiar libros y destruir bibliotecas pueda ser bueno o sea irrelevante (aunque Julio Ramón Ribeyro* sí lo sugiere: "¿No fue Eróstrato el que incendió la Biblioteca de Alejandría? Quizá lo que pueda devolvernos el gusto por la lectura sería la destrucción de todo lo escrito y el hecho de partir inocente, alegremente, de cero"). Lo que digo es que la destrucción de los libros y las bibliotecas no detiene en absoluto nuestro pensamiento que es, a final de cuentas, lo que realmente importa, pues si de algo están llenos los libros es de pensamiento y de espíritu más que de tinta y papel. Lo importante no es el libro, sino lo que contiene el libro: un contenido que, por cierto, puede estar también fuera del libro.

*Si quieres, lee...

- Ribeyro, Julio Ramón, *Prosas apátridas completas*, Tusquets, 3ª edición, Barcelona, 1986.
- Valéry, Paul, *Discurso a los cirujanos / Aforismos,* traducción de Ricardo de Alcázar, prólogo de Xavier Villaurrutia, Nueva Cultura, México, 1940.

Dos cosas que, razonablemente, pueden evitarse

Alabar los beneficios de la lectura sin dar pruebas concretas de ello

- Estamos acostumbrados a entender el acto de leer desde un punto de vista moral: leer nos hace buenos; no leer nos predispone para el mal. Por eso hay que leer, concluimos. Sin embargo, muchas personas que leen mucho no dan prueba palpable de bondad, y muchas personas que prácticamente no leen no dan visible prueba de maldad. ¿Qué es lo que ocurre? Simplemente que partimos de creencias, ideas recibidas, clichés y lugares comunes. En realidad, todos leemos desde nuestra visión particular del mundo, y es con esa visión con la que comprendemos los libros. Cuando privilegiamos la moralidad del acto de leer llegamos a pensar que quien lee "buenos libros" no puede ser mala persona y, en consecuencia, quien no lee libros o lee obras de mala calidad, seguramente es un canalla, un ser nocivo. Esta generalización es desastrosa. Las buenas personas, desde un punto de vista moral y ético, no están únicamente entre los lectores del canon, y las malas personas, en este mismo sentido, no están únicamente entre los analfabetos reales o funcionales o entre los lectores de publicaciones triviales. Es natural que las cárceles estén pobladas de analfabetos y no de intelectuales y artistas: simple y sencillamente porque están pobladas de pobres, de personas sin instrucción y sin recursos, pero que no se hicieron delincuentes por no leer, sino por carecer de una sólida base social que, entre otras cosas, les impidió acceder a la educación, el arte, la cultura y, más específicamente, a la lectura. Para comprender hay que examinar. No es que leer nos salve de la maldad; es que los que leen pertenecen a un sector social privilegiado que tiene más oportunidades en el cauce de la legalidad.

Ver el problema de la lectura como un problema de salud pública

- Cuando se pierde el sentido de la proporción, podemos decir y hacer las cosas más disparatadas. Por ejemplo, si creemos que la falta de buena lectura, en la mayor parte de la población, es un problema de "salud pública", pronto estaremos exigiendo la creación de un comité para el caso, y luego tendremos que nombrar en ese comité a los Robespierre que habrán de determinar qué es la "buena lectura". Y como este concepto es tan vago y puede ser tan subjetivo (según quien lo entienda), pronto estaremos metidos en un ambiente de persecución y censura.

Si la rectitud es la lectura; lo torcido es la no lectura. Pero la rectitud, entendida como santidad ideológica, engendra siempre creencias aberrantes, y no debemos olvidar que entre el purismo ideológico de Robespierre y el genio tenebroso, intrigante y sin escrúpulos de Fouché, hay una misma guillotina. Los extremos se tocan. Ni hay santidad en los lectores ni hay monstruosidad en los no lectores. La verdad es que el problema de la lectura se ha magnificado de tal modo que parecería una pandemia. Soslayamos que, en realidad, los lectores de libros han sido una minoría ilustrada en todas las épocas. Hay que darle su justa dimensión a las cosas. Desear influir en la realidad, y trabajar en ello, no nos autoriza a decir mentiras en nombre de lo ejemplar.

VIII. Compartir la lectura

△

Un buen promotor de la lectura no tiene que ser, necesariamente, alguien que ha leído muchísimos libros, ni aquel que todo el tiempo anda a la búsqueda de implantar marcas mundiales en competencia con otros lectores. Un lector que sabe compartir lo que lee, con entusiasmo y con felicidad, aunque no haya leído miles de libros, puede perfectamente contagiar en otros el gusto de leer.

Compartir la lectura no sólo es leer *para* los otros, sino también leer *con* los otros. Y nada de esto tiene que ver con obligar a los demás a que lean lo que nosotros queremos porque, *a priori*, lo consideramos bueno, útil, edificante, extraordinario, maravilloso, sublime y placentero.

Es fundamental comprender esto último: lo que a nosotros nos resulta grato puede no serlo para otros. En tal caso sería recomendable hallar un punto de coincidencia en nuestros gustos e intereses. Siempre será posible encontrar esa empatía. Hay tal cantidad de libros en el mundo que sería sorprendente que dos personas o más no coincidieran en alguno. Y en cuanto al beneficio que se puede obtener de la lectura, éste es a veces impalpable, intangible. Dejémonos de mitos y mistificaciones: no esperemos, forzosamente, que después de leer un libro magistral, el lector se transforme, automática y visiblemente, en otra persona (por supuesto mejor de lo que era antes).

En general, si esto se consigue, será de manera gradual y, además, se incorporará a otras experiencias que no necesariamente tendrán que ver con la bibliografía. Leer y escribir son tan sólo dos posibilidades de la alegría o la felicidad, entre muchas otras que nada tienen que ver con libros.

¿Por qué muchos adolescentes consideran aburrida la lectura? Porque, entre otras cosas, *es aburrida,* o *puede ser altamente aburrida* si lo que *deben leer* no les interesa en absoluto.

Los adultos nos concedemos el lujoso derecho de desdeñar, vilipendiar y no leer lo que no nos gusta ni nos interesa, o aquello que consideramos (bajo nuestro particular criterio) sin ningún valor literario o cultural. Curiosamente, les vedamos este derecho a los adolescentes y a los jóvenes, porque desde un punto de vista paternalista, consideramos que son personas carentes de criterio, y que si los dejamos elegir seguramente elegirán lo peor: libros inútiles, obras malsanas, materiales perversos, basura mental, etcétera.

Siempre nos arrogamos el derecho de cancelarles la libertad de elección, porque creemos saber, o más bien *estamos seguros de saber,* qué es lo que les conviene. Estamos seguros que optarán por "lo peor", pero nuestros argumentos sobre "lo mejor" no consiguen conmoverlos ni mucho menos convencerlos, en parte porque este concepto de "lo mejor" sólo es una abstracción válida para nosotros.

En materia de lectura, procedemos con los adolescentes y los jóvenes del mismo modo que el Estado paternalista y el gobierno autoritario proceden con los ciudadanos: éstos no pueden saber lo que les conviene; por ello hay que imponerles, no preguntarles.

Procedemos, también, como las madres que les dan todos los días sopa de betabel a sus hijos pequeños (porque es un buen alimento), sin pensar jamás en la consecuencia previsible: que odiarán para siempre el betabel y que, cuando sean adultos y tengan pleno ejercicio de su libre albedrío, rechazarán la sopa de betabel a pesar de sus innegables virtudes nutritivas. Lo que se aprende con miedo hace el saber temeroso, dice Raoul Vaneigem*. Yo añadiría que lo que se aprende con asco hace la experiencia repugnante.

La verdad es que no amamos lo que nos repugna. No disfrutamos lo que nos hastía. Es falso que uno se vuelva excelente lector, lúdico y lúcido, producto de la imposición. Lo contrario es lo cierto. Amar al verdugo y al instrumento de tortura sólo puede entenderse como una excepción patológica.

Si creemos que los adolescentes y los jóvenes terminarán amando los libros porque los obligamos a tragarse el *Quijote*, estamos muy equivocados, pero no aceptaremos esta equivocación si consideramos más importante tener razón que ser razonables, o si estimamos más nuestro orgullo y el amor propio que la verdad y el entendimiento.

La lectura que trasciende hasta volverse encarnación en nosotros, al grado de confundir lo leído con lo vivido, es la lectura que hacemos con pasión, con absoluto placer y a veces, incluso, sin la mínima mediación de un preceptor. En su hermoso librito *Tocar los libros*, el gentil e inteligente Jesús Marchamalo* señala algo fundamental al respecto: "Los libros hablan de nosotros. De nuestras pasiones e intereses. Los libros delimitan nuestro mundo, señalan las fronteras difusas, intangibles, del territorio que habitamos". Y lo más importante: "Compartir lecturas hermana como hermanan los gustos culinarios". En otras palabras, compartimos felizmente lo que nos place, como en una buena conversación, mientras partimos el pan y degustamos lo que nos hace prójimos, es decir próximos, es decir cercanos.

Obligar a alguien a leer un libro por el que no tiene el más mínimo interés es tanto como forzarlo a comer aquello por lo que siente repugnancia. Presionarlo, coaccionarlo para que lo "disfrute", sólo porque a nosotros nos gusta, y nos parece que na-

87

die puede rechazarlo, es un abuso moral, y uno de los máximos errores pedagógicos.

A veces, incluso, la simple presión de alguien enfatizando los valores de un libro que *debemos leer*, nos puede conducir muchas veces a rechazarlo, mientras que, de otra forma, tal vez lo leeríamos con deleite. El *deber* poco tiene que ver con el *placer*. Lo que nos place no es algo que *debamos hacer*: es algo que hacemos porque, por principio, no está en nuestras fuerzas rechazarlo.

Ésta es la lectura que nos marca para siempre y deja en nuestro espíritu una huella de satisfacción, muy diferente a las cicatrices del látigo que es el instrumento del deber ser y del deber hacer.

Marcel Proust* lo dice bien:

> No hay quizá días de nuestra infancia que no hayamos vivido tan plenamente como aquellos que pasamos con uno de nuestros libros preferidos [...] ¿Quién no se acuerda como yo de aquellas lecturas hechas en vacaciones, en las que uno iba a esconder sucesivamente esas horas del día que eran bastante apacibles e inviolables como para poder darles asilo?

En tiempos de vacaciones, dice Proust, no en tiempos de escuela; alimentando el goce y no cumpliendo con los deberes escolares. Si no se entiende esto, seguiremos creyendo que la gente no lee libros o lee pocos libros porque no hemos sido lo suficientemente imperiosos para imponérselos, cuando en realidad el problema es que hemos sido demasiado imperiosos al grado de echarles a perder el placer de la lectura.

En el fondo de todo fanático de las ideas hay un niño, un adolescente o un joven que sólo alcanzó el conocimiento a través de la obligación y no a través del disfrute. El que goza su experiencia no piensa jamás que deba imponerla a los demás para mejorarlos. Simplemente la comparte, y gracias a compartirla, gentilmente, la hace deseable y no repugnante.

*SI QUIERES, LEE...

- Marchamalo, Jesús, *Tocar los libros*, prólogo de Luis Mateo Díez, 2ª edición, Fórcola, Madrid, 2010.
- Proust, Marcel, *Sobre la lectura*, traducción de Pedro Ubertone, 2ª edición, Libros del Zorzal, Buenos Aires, 2004.
- Vaneigem, Raoul, *Aviso a escolares y estudiantes*, traducción de Juan Pedro García del Campo, Debate, Barcelona, 2001.

DOS COSAS QUE, RAZONABLEMENTE, PUEDEN EVITARSE

Ocultar la verdad en nombre del proselitismo

- Son escasos los estudiosos de la lectura que se atreven a reconocer que el ejercicio del miedo y del asco ha conseguido generaciones de personas resentidas como consecuencia de lo que han tenido que padecer. La mayor parte opta por la hipocresía, pues deduce y aun afirma que si se reconocen estas verdades, se le hace muy poco favor al proselitismo de la lectura. Son como los viejos comunistas que todavía niegan los errores del socialismo real, para no darle armas (dicen) al enemigo. Tal argumento es grotesco. No aceptamos remediarnos porque, de antemano, negamos nuestra enfermedad. Es muy claro advertir que el resentido traslada sobre los demás el motivo de su resentimiento. Su justificación consiste en pensar (y aun en decir) que si a él le echaron a perder el gozo, ¿por qué los demás tendrían que pasarla mejor? Muchos de los que hoy son padres y maestros padecieron la obligación de la lectura durante la infancia y la

89

adolescencia, y fueron sus padres y sus maestros los que condujeron esa tortura. No se hicieron necesariamente lectores pero admiten de buen grado que esa pedagogía es importante (a pesar de su fracaso evidente). En el fondo lo que quieren decir con la palabra "importante" es que si ellos sobrevivieron a dicha tortura no encuentran razón alguna para que sus hijos y sus alumnos vean allanado su camino de tan molesta obligación. En realidad, los pocos que consiguen hacerse lectores en tales circunstancias lo logran a pesar de esos mecanismos coercitivos y no gracias a ellos, pues a lo que no se llega por placer, difícilmente se llega.

Exagerar la importancia social del libro

• Salvo en la ficción, y más bien por otros motivos (*El nombre de la rosa*, de Umberto Eco, por ejemplo), no tenemos noticias verificables de que alguien haya matado realmente, alguna vez, por la posesión y el uso de un libro. En cambio, en los primeros días del 2010, un despacho noticioso de la agencia Associated Press dio cuenta de que, en Nassau, Bahamas, un niño de 13 años mató a cuchilladas a un primo adulto en medio de una discusión sobre el dominio de una computadora. Esta historia prueba que, en general, y para las personas de cualquier edad, pero sobre todo para los niños, adolescentes y jóvenes, los libros no son tan importantes como las computadoras, ello independientemente de que el discurso social, de gran corrección política, pregone todo el tiempo la trascendencia del bien bibliográfico. En realidad, como afirmara alguna vez Alberto Manguel, "las campañas para que la gente lea son hipócritas; nuestras sociedades no creen en la importancia del acto intelectual". Parece evidente que, por fortuna para todos, el ciudadano común de hoy no acuchillaría a nadie por la posesión del *Quijote*, pero desgraciadamente sí podría hacerlo por una *laptop*. Hay que aclarar que no estamos hablando aquí de los ladrones que matan para despojar a las personas de sus bienes y que, como es de suponerse, habrán asesinado a miles de seres humanos para llevarse luego, entre otras cosas, la computadora. De lo que hablamos es de la disputa por un equipo de cómputo que puede llevar incluso a matar a un familiar para asumir la posesión de dicho instrumento. ¿Alguien ha sabido, realmente, que tal cosa haya ocurrido entre dos personas que se disputaban un libro? En las noticias de internet pueden rastrearse los antecedentes de quienes han matado a integrantes de su familia por la disputa de un inmueble, pero no deja de ser una bendición que nadie se pelee por la posesión de los libros y que —salvo enojos pasajeros contra aquellos que nos los hurtan o nos los piden prestados y jamás nos los devuelven— todos vivamos contentos en un ámbito social que sólo les da importancia de dientes para afuera. Preocupémonos cuando nos conste que alguien asesinó a su primo, a su hermano o al vecino a causa de una disputa en la que la manzana de la discordia era un ejemplar de *Cien años de soledad*.

IX. Evidencias de lectura

△

Decir que leer es extraordinario, importantísimo, noble, maravilloso, estupendo, milagroso, transformador y mil calificativos más es pura cháchara insustancial si no tenemos ni damos prueba de ello.

Lo malo es que siempre estamos diciendo lo mismo, porque nosotros los lectores estamos convencidos de que todo eso es cierto, sin que nos preocupe demasiado evidenciar la veracidad de nuestro discurso.

En el peor de los casos, ya ni nos interesa justificar lo que decimos, porque damos por hecho que *todos deben saber* que leer es extraordinario, importantísimo, noble, maravilloso, estupendo, milagroso, transformador, etcétera.

Bajo este supuesto equivocado, damos rienda suelta a campañas y programas imperativos con lemas y eslóganes previsibles, desde los sitios más insospechados al menos para el ámbito lector. Así, por ejemplo, "¡Todos a leer!" es el lema de un programa de lectura de la Cámara de Diputados, una institución integrada, en su mayoría, por personas que todos los días dan prueba de que o los libros no sirven para nada (puesto que los leen) o que esas personas no leen libros en absoluto (aunque crean que *leer es bueno*), porque su no lectura resulta más que evidente.

Parece obvio que este eslogan, desde su imperativo discursista y discursero, tendría que cumplirse con sus emisores, pero en realidad no es para ellos mismos que se emite, sino para los demás, para los de a pie, para el ciudadano común, dando por hecho que quienes emiten el mandato no forman parte del "problema".

Los que lo emiten *saben* que leer es muy benéfico, y tan lo saben que todo el mundo debe suponer que son ávidos lectores. Thomas Szazs* ha advertido que, en el discurso de la ideología (política, médica, educativa, cultural, etcétera), cuando el ideólogo dice *todos*, lo que quiere decir es *ellos*, nunca *nosotros*.

Cualquiera puede hacer discursos nobles sobre lo que sea sin necesidad de dar evidencias, en su propia persona, de lo que aconseja o solicita a los demás. El profesor de ética puede no tener escrúpulos. El pederasta puede hablar en nombre de Dios y enfatizar el amor al prójimo. El no lector puede llamar a leer *a todos*, no porque piense que a él le haga falta la lectura, sino porque este llamado configura un discurso políticamente correcto, que nadie impugnará (¿quién va a decir que leer es malo?), que abonará su prestigio y que lo ennoblecerá por ósmosis puesto que el libro es noble. Aunque lo que diga sea puro humo, el charlatán triunfa si consigue mostrarse noblemente preocupado ante la sociedad.

¿"¡Todos a leer!"? ¿Y por qué no "¡Todos a bailar!" o "¡Todos a pintar!" o "¡Todos a soñar!"? Muy simple: porque lo que se diga a favor del libro y la lectura resultará siempre positivo. Y porque casi nadie discutirá la incongruencia de que quienes inviten imperativamente a todo el mundo a leer sean, en su mayoría, individuos que no le tienen mucho afecto al libro. La corrección política se impone, pero es como si los mentirosos hicieran campaña para que los demás dijeran siempre la verdad.

Aunque los programas y las campañas estén en todo momento tocándonos la campanita de la lectura (porque *todos sabemos que leer es bueno*), y hasta los que no tienen ningún afecto por el libro se den el lujo de amonestarnos porque no leemos, en el fondo si no lo sabemos del todo al menos nos queda la duda de si realmente a todo el mundo le place y le interesa la lectura y la escritura.

Cuando analizamos detenidamente esta cuestión, aparece lo que es obvio: no a todo el mundo le gusta escribir y leer; no a todo el mundo le parece interesante la cultura escrita, a pesar de que reconozca la necesidad de escribir bien y leer bien. Esto último desde una perspectiva meramente funcional: escribir *bien* para que se nos entienda; leer *bien* para entender.

En relación con el psicoanálisis, Freud decía que el definir lo patológico de lo que no lo es, casi siempre se queda en palabras o en disputas acerca de palabras. "Lo que debe preocuparle —le dijo un día a un colega— es aprender algo sobre usted mismo."

Algo así es lo que nos enseñan realmente la escritura y la lectura: aprender algo de nosotros. No escribimos y leemos para mejorar a nuestros vecinos, aunque de paso podamos hacerlo. Lo importante de escribir y leer es lo que aprendemos sobre nosotros mismos. Lectores y escritores aburridos leen y escriben libros aburridos. Darle adjetivos a la lectura es irrelevante si estos adjetivos no reflejan lo que los lectores somos o, peor aún: que reflejen todo lo contrario.

*SI QUIERES, LEE...

- Freud, Sigmund, *Introducción al psicoanálisis,* traducción de Luis López Ballesteros, Altaya, Barcelona, 1999.
- Szasz, Thomas, *Ideología y enfermedad mental,* traducción de Leandro Wolfson, Amorrortu, Buenos Aires, 1976.

DOS COSAS QUE, RAZONABLEMENTE, PUEDEN EVITARSE

Promover la idolatría hacia el libro en lugar del gusto por leer

- Hemos hecho de la letra impresa y, especialmente, de los libros, una especie de tótem, de figura sagrada, cuando en realidad, como decía José Ortega y Gasset, en los libros lo que está es la ceniza del habla y la conversación.

95

Los libros no tienen ninguna sacralidad ni mucho menos poderes mágicos. Los libros son letra muerta que hay que revivir con nuestro espíritu y nuestra inteligencia. Y lo mejor que podemos hacer con los libros es reivindicar el diálogo vivo, la inteligencia activa, no la erudición pedante. El amor hacia los libros sólo es ciego cuando no se comprende, ni se quiere comprender, para qué sirven los libros. Luis Cernuda nos advierte lo que todo lector debería saber: "Que la lectura no sea contigo, como sí lo es con tantos frecuentadores de libros, leer para morir". Los libros vivos potencian la existencia, pero los malos lectores, con frecuencia leen sólo para no pensar, como bien lo dijo Lichtenberg, y como bien lo prueban, todos los días, los que acumulan kilogramos de letra muerta, de simple celulosa, sin jamás procesarla en conocimiento ni mucho menos en combustible del pensamiento propio. Lo dice perfectamente Jesús García Sánchez en el prólogo de un libro muy recomendable, *Filobiblón (Amor al libro)*: "El libro puede ser nuestro aliado, nuestro compañero, pero también nuestro más falso amigo, cuando las lecturas no se asimilan. Si no se piensa el significado y el ámbito real de la letra, los libros pueden llegar a ser un instrumento adulterador de la propia vida, unos falsificadores de la existencia". Sin el espíritu crítico de la lectura, hasta el amor al libro se reduce tan sólo a una elegante necedad viciosa que puede llegar a sustituir lo más importante: nuestra pasión por la vida más que por las páginas. Lo que pasa es que, por culpa de la idolatría que sentimos por el libro, es fácil olvidar que cualquier cosa que hagamos sólo tiene sentido si está al servicio de la vida misma y de la felicidad, pero nunca en vez de ellas.

Privilegiar el discurso político-burocrático en vez del sentido común

- La lectura no debería ser simplemente un discurso político (como lo es, en general), sino una búsqueda de oportunidades emotivas e inteligentes para aquellos que jamás han tenido la experiencia de leer. Cuando se habla de fomento y promoción de la lectura, de lo que en realidad se habla muchas veces es de programas políticos, regidos por visiones tecnocráticas de organismos internacionales que sólo comprenden la lectura como una habilidad utilitaria e instrumental, sin ningún interés por facilitar el surgimiento de lectores autónomos críticos y autocríticos. Por ejemplo, a la Organización para la Cooperación y el Desarrollo Económicos (OCDE) lo que le interesa es la habilidad de la lectura aplicada a la disciplina laboral. Únicamente. El Estado, en casi todas las naciones con suficientes recursos económicos, asume como obligación moral y como discurso político-burocrático la meta de "hacer un país de lectores", pero en el fondo, salvo que los burócratas se engañen a sí mismos, el aparato estatal sabe perfectamente que esto es una utopía y que, como toda utopía, jamás se cumplirá. Es otra más de las promesas políticamente correctas, pero inviables. Leer libros —incluso el gran utopista José Saramago lo supo y lo dijo—, "es y será asunto de minorías", porque no todo el mundo tiene los mismos intereses. Así ha sido siempre. Los más experimentados promotores e investigadores de la lectura lo reafirman. Leer libros, y sobre todo libros en papel, seguirá siendo asunto de minorías cultas lo mismo en el siglo XXI que en el siglo XXXI, como bien lo señala Alberto Manguel. ¿Y cuál es, en este escenario, el mejor papel que puede representar el promotor de la lectura, sea padre, maestro, bibliotecario, etcétera? Un papel importantísimo: ayudar a descubrir talentos lectores sin imponer sus gustos y sus prácticas como si fueran verdades universales e indiscutibles. Toda la historia occidental de la lectura se funda en la obligación, y sin embargo no ha conseguido que la población mundial se aficione a los libros. No está de más repetir que lo que se hace por imposición, acaba por aburrirnos y frustrarnos. Es natural, por ello, que la mayor parte de los estudiantes abandone los libros cuando abandona las aulas: la política de lectura no los hizo lectores, sino simple y sencillamente decodificadores de textos para aprobar exámenes, pasar cursos y graduarse y postgraduarse. No está mal, desde luego, pero los libros pueden servirnos para mucho más que conseguir títulos universitarios.

X. Leer en la escuela

△

La escuela debería ser uno de los ámbitos ideales para leer, pues pasamos una considerable parte de nuestras vidas en las aulas. Sin embargo, desde hace mucho tiempo, la escuela es el peor lugar para ejercer la lectura en libertad.

Hace medio siglo, Norman Mailer hizo el siguiente diagnóstico que prácticamente no ha perdido vigencia:

> El currículum de nuestras escuelas secundarias resulta tan interesante como el papel de celofán en que van envueltos los desayunos. Nuestro sistema educacional nos enseña no a pensar, sino a contestar preguntas.

Vale añadir que estas preguntas sólo admiten respuestas *verdaderas* únicas. La escuela sigue muy lejos del desarrollo del pensamiento crítico y del avance en la inteligencia emocional, pues persiste en sus métodos y mecanismos de coacción e imposiciones dentro de un caduco esquema de falta de libertad.

"La libertad es la capacidad de una persona para poder elegir sin imposiciones", explica Thomas Szasz. Pero "libertad" es un sustantivo que se utiliza muy poco en las escuelas. De hecho, cuando alguien lo menciona, pone de malas al sistema educativo. Raoul Vaneigem afirma que nadie traspasa el umbral de una escuela sin exponerse al riesgo de perder su individualidad.

En general, la escuela frena más que anima nuestra autonomía. En su peor sentido pedagógico y didáctico, el sistema escolarizado nos hace dependientes de la escuela. En la escuela, la gente lee manuales, aprende teorías, memoriza fechas y datos, aprueba exámenes, consigue títulos académicos, etcétera, pero cuando sale al mundo no sabe qué hacer, porque la vida es mucho más rica en problemas y búsquedas que lo que exponen las teorías.

A causa de esto, hay quienes prefieren quedarse en la escuela para siempre. Jorge Ibargüengoitia* afirmaba que hay seres humanos cuya edad escolar va de los 4 a los 80 años de edad, y algunos pasan de las aulas a la tumba sin haber puesto en práctica lo que, presuntamente, aprendieron en la escuela con el fin de aplicarlo en la vida civil.

Algunas personas no lo saben, pero hay vida después de la universidad. El sistema escolarizado los ha vuelto eternos alumnos aunque no necesariamente estudiantes continuos. Hay quienes concluyen los estudios postdoctorales con la angustia de no poder encontrar pretextos para seguir siendo alumnos. Lo que les aterra en realidad es abandonar la escuela para incorporarse de lleno al trabajo creador y al conflicto de la vida. Y no se trata de educación, sino de simple escolarización. El exhibicionista académico podría decirle a otro: "Mi doctorado es más grande que el tuyo".

Lo peor de todo es que vivimos y padecemos, en general (porque todos sufrimos las consecuencias), una escolarización sin asomo de ética. En el sistema escolarizado, desde los niveles primarios y secundarios hasta los profesionales y postdoctorales, se privilegian la información, el saber y el conocimiento abstracto (que llevan a la destreza y a la erudición), pero todo ello en detrimento de la sabiduría, es decir del bien, es decir del conocimiento ético.

Entre la actitud de Sócrates y Platón frente a los sofistas, hemos preferido a éstos, pues, después de todo, son a los que adoptamos e imitamos aunque expresemos, de dientes para afuera, elevadas opiniones sobre los filósofos. La información, el saber y el

100

conocimiento no son otra cosa que mercancías que se adquieren y se venden en las escuelas. Algo muy distinto de lo que privilegiaba el espíritu socrático y platónico. Partiendo de esta distinción básica, en *El libro de los filósofos muertos*, Simon Critchley* lleva a cabo una crítica fundamental a nuestro sistema educativo y cultural. Explica:

> La filosofía es aprender a morir, pero lo que se aprende no es *conocimiento*. Ésta es una cuestión esencial. Lo que enseña la filosofía no es una suma cuantificable de conocimientos que puedan comprarse o venderse como un bien en el mercado. Eso es asunto de los sofistas —Gorgias, Pródico, Protágoras, Hipias y los demás—, cuyos puntos de vista son desmontados sin tregua por Sócrates en los diálogos de Platón. Los sofistas fueron una clase de docentes profesionales que apareció en el siglo V a.C., que ofrecía instrucción a los jóvenes y exhibiciones públicas de elocuencia a cambio de unos honorarios. Los sofistas eran maestros de la elocuencia, "con lengua de miel", dice Filóstrato, que viajaban de ciudad en ciudad ofreciendo saber a cambio de dinero.

Añade Critchley que, en contraposición a los carismáticos sofistas, a menudo de ropajes lujosos y coloridos, que llegaban vendiendo conocimiento y saber, el casi andrajoso Sócrates encarna la aparente paradoja del que declara saber que nada sabe, a pesar de que el oráculo de Delfos lo considera el hombre más sabio de Grecia. Pero "esta aparente paradoja se esfuma cuando aprendemos a distinguir entre sabiduría y conocimiento, y nos convertimos en amantes de la sabiduría, es decir, en filósofos".

En realidad, las escuelas imparten clases de filosofía, pero no enseñan a filosofar. Ofrecen o venden conocimientos pero no sabiduría, lo cual rige también a los procesos y experiencias de escritura y lectura: imparten clases sobre la historia y las corrientes de la literatura, pero no enseñan a escribir ni estimulan a leer libremente.

Por lo demás, lo mejor que los libros pueden darnos no es información y saber, sino un sentido del bien y la justicia. Sócrates y Platón lo sabían: el camino de lo justo y lo bueno sólo puede recorrerse orientando nuestra alma hacia el bien, que para ser exactos, según explica Critchley, "no es una cuestión de conocimiento sino obra del amor". En otras palabras: "La filosofía comienza, pues, con el cuestionamiento de las certezas en el ámbito del conocimiento y el fomento de un amor por la sabiduría. La filosofía es erótica, no sólo epistémica".

El adoptar las lecciones venales de los sofistas, y no las lecciones vitales de Sócrates, ha sido nuestra gran tragedia en términos de cultura y educación en el mundo occidental, y esto es natural que rija nuestros conceptos sobre escritura y lectura, sobre por qué y para qué leemos, sobre la importancia misma de los libros.

En lugar de una filosofía ética de la lectura lo que tenemos es una sofística convenenciera y acumulativa del libro. Entendidas las cosas así, se lee, sobre todo, no para acercarse a la sabiduría, sino para acumular letra impresa y conocimientos, independientemente —y, con mucha frecuencia, al margen— de la ética. En lugar de alentar *bibliósofos*, producimos y fomentamos sofistas de la lectura: docentes profesionales a quienes lo que más les importa, además de su paga, es el más y no el cómo, el mucho y no el porqué.

El hombre es el único animal que prepara a sus crías para la escuela; es decir, para nunca abandonar la escuela. Los demás animales las preparan para la vida. Mientras un ave aprende a volar y un oso aprende a pescar para sobrevivir, el ser humano aprende que siempre debe depender de la escuela.

Erich Fromm* dedicó todo un libro a dilucidar el asunto del miedo a la libertad. Thomas Szasz concluye que los seres humanos anhelamos la libertad al tiempo que le tememos: deseamos gozar de autodeterminación, pero nos aterra la soledad y, sobre todo, la responsabilidad. La escuela, muchas veces, refuerza este terror, y nos hace creer que nacimos para vivir permanentemente en ella. Llegamos a creer que nuestra misión es ser buenos alumnos y no ciudadanos capaces y libres.

En materia de lectura, la escuela nos enseña que leer tiene que ser un ejercicio obligado y aburrido. Hay profesores que incluso dicen que su labor no es la de hacer lectores, sino estudiantes que posean y dominen conocimientos. ¿Pero qué conocimientos tienen los estudiantes, aparte de los que han memorizado?

Un lector autónomo es, por excelencia, alguien que piensa, se emociona y desarrolla un espíritu crítico y una mirada escéptica. Si es así, un lector siempre será un mejor estudiante que uno que sólo repite, sin cuestionar, lo que se le enseña.

El problema es que la escuela no favorece la formación de lectores autónomos; su objetivo es hacer lectores instrumentales: consultores de libros para pasar exámenes. Los libros también sirven para esto; pero limitarlos a ello es desperdiciar la oportunidad, en las aulas, de incentivar la lectura.

Con profunda inteligencia y gran sensibilidad, Fernando Savater* ha escrito:

> He oído a ciertas personas decir delante de criaturas de tierna edad que leer es cosa muy *educativa*: sin deseos de caer en extremismos, creo que deberían ser quemadas a fuego lento. No sé si leer es cosa muy educativa; lo único que sé es que la educación resulta de entrada el motivo menos seductor para dedicarse a la lectura. Cuando pienso en una lectura educativa, me imagino uno de esos diálogos beckettianos recomendados por los oligofrénicos profesionales para aprender idiomas. Aunque mi ineptitud para aprender idiomas no me recomienda precisamente como ejemplo, puedo asegurar que he aprendido a leer en inglés gracias a *Lord of the Rings*, dos diccionarios y un maravillosamente largo mes de agosto. La mínima sospecha de que estaba contribuyendo a mi per-

petuamente deficiente educación me hubiese desmoviliza-
do por completo: yo sólo quería saber qué les iba a ocurrir
a Frodo, Pippin y Aragorn. Quizá a fin de cuentas conseguí
educarme un poco, pero lo verdaderamente importante es
que aprendí otra estupenda historia.

Cuando, a partir de la educación formal y los logros profesionales, se habla de la hoja de vida o el famoso currículum vitae,
prácticamente todas las personas entienden que deben enlistar su
sufrido paso por el sistema escolar, sus tesis de grado con menciones
honoríficas y sus empleos en prestigiadas oficinas y universidades.
A pocos se les ocurre lo que entiende por currículo Fernando Savater: "Lo más parecido a un currículum vitae que tengo es el índice
de mis lecturas favoritas". En efecto, aunque esto no lo entienda la
escuela, son las "lecturas favoritas" y no las obligadas las que marcan
nuestro rumbo en nuestra historia personal con los libros.

Así como hay clases —muchas de ellas, hoy, un tanto inútiles como la taquimecanografía— en el rubro denominado "actividades tecnológicas", en la escuela secundaria podría destinarse al
menos una hora a la semana para leer libros que no sean obligato-
rios, y sin someter esa actividad a la calificación. Darles oportunidad a los adolescentes de leer lo que se les pegue la gana, y luego
animarlos a que hablen de ello, si así lo desean, sin someterlos a
glosas, resúmenes, cuestionarios e interrogatorios judiciales.

La lectura compartida, en voz alta, también puede obrar
maravillas. El problema es que una buena parte de los profesores
y de los padres de familia no sabe leer en voz alta, porque sus
profesores y sus padres tampoco lo supieron. Esto no debe asom-
brarnos, pues muchísimos universitarios no poseen este dominio.
Por ejemplo, un destacado neurobiólogo y divulgador científico
en medios audiovisuales, no sabe leer. Sus cápsulas radiofónicas
tratan temas excelentes, pero el radioescucha muy pronto pierde
el interés, porque el renombrado científico lee monótonamente:

sin inflexiones, sin modulaciones, sin énfasis, sin pausas. En otras palabras, sin ton ni son. A lo largo de su amplia escolarización, seguramente así leían sus profesores y sus condiscípulos.

La escuela ha hecho de la lectura un martirio, y lo peor es que esto le tenga sin cuidado, porque está más interesada en indicadores, estadísticas e inútiles evaluaciones de carácter burocrático, que en el análisis cualitativo de sus fracasos. La lectura no podía ser excepción dentro de sus esquemas tecnocráticos. Le parece mejor el *más* que el *cómo*. Y los alumnos de casi todos los grados no leen autónomamente en silencio, ni saben leer en voz alta, porque los libros sólo se leen para pasar los exámenes y elaborar las glosas, los informes y los resúmenes.

En resumidas cuentas, el alumno responde lo que le preguntan y puede, así sea sin entusiasmo, llevar a cabo una atropellada sinopsis, pero, en general, no tiene una opinión propia sobre los libros, a menos que consideremos *opinión propia* las expresiones de rencor contra el libro aburrido y contra el maestro que lo impone.

Luego de observar lo que el sistema escolarizado ha hecho con la lectura, el cuentista y novelista Eraclio Zepeda*, lector entusiasta y relator contagioso en su elocuencia, concluye: "Obligar a leer es un error que aleja a los jóvenes de este saludable hábito. Basta que un profesor te obligue a leer un libro, para que no lo leas".

*Si quieres, lee...

- Critchley, Simon, *El libro de los filósofos muertos*, traducción de Alejandro Pradera, Taurus, México, 2009.
- Fromm, Erich, *El miedo a la libertad*, traducción de Gino Germani, Paidós, Barcelona, 1994.
- ——, *El arte de amar*, traducción de Noemí Rosenblatt, Paidós, Barcelona, 2000.
- Ibargüengoitia, Jorge, *Autopsias rápidas*, selección de Guillermo Sheridan, Vuelta, México, 1989.

- ——, *Instrucciones para vivir en México*, Joaquín Mortiz, México, 1990.
- ——, *La casa de usted y otros viajes*, Joaquín Mortiz, México, 1991.
- Savater, Fernando, *Loor al leer*, Aguilar, Madrid, 2008.
- Zepeda, Eraclio, *Benzulul*, 10ª edición, Fondo de Cultura Económica, México, 1997.
- ——, *Asalto nocturno*, Fondo de Cultura Económica, México, 1998.
- ——, *Las grandes lluvias*, Fondo de Cultura Económica, México, 2006.
- ——, *Tocar el fuego*, Fondo de Cultura Económica, México, 2007.

Dos cosas que, razonablemente, pueden evitarse

Decir que los libros son mejores que la vida

- Robert Louis Stevenson lo dijo muy bien: "Los libros son lo bastante buenos a su manera, pero también son un poderoso sustituto exangüe de la vida". Exangüe quiere decir sin sangre, sin fuerza, sin vitalidad. Si no comprendemos esto, creeremos, y divulgaremos, que los libros son la propia vida o, peor aún, que los libros son más importantes que la vida, lo cual es simple y sencillamente un barbarismo, aunque lo hayan dicho personas ilustres o inteligentes. "Escribir da más felicidad que haber vivido", dijo en cierta ocasión Silvina Ocampo, una escritora argentina inteligente y sensible, pero algo confundida por su pasión libresca, ya que, como es obvio, sin la vida no hay ni libro ni música ni pintura ni filosofía ni amor que puedan disfrutarse. Con tal de acuñar frases célebres sobre la noble cultura libresca, la gente que ama los libros es capaz de decir cualquier disparate, contra toda lógica. Con sabiduría cordial, Lin Yutang expresó: "Ha sido una gran desgracia que nuestros maestros y filósofos

106

perteneciesen a la clase llamada intelectual, con un característico orgullo profesional por el intelecto". Dicho de
otro modo, estos intelectuales son los mismos que profesan un característico desdén, también profesional, por las
cosas ubicadas más allá de sus narices: tan ocupados están
en leer que llegan de veras a pensar que lo que está en
los libros es mejor que la experiencia, pese a que ésta es
la fuente de todos los libros. Para aprender a pensar, sostiene Lin Yutang, todos en algún momento de nuestras
vidas "deberíamos cultivar el hábito de dejar de leer".
Escandaloso, diabólico consejo, dirán algunos. Pero lo
cierto es que la vida es mucho más importante y rica que
la literatura, porque la literatura es sólo una parte de la
vida, y la vida está constituida por múltiples intereses,
goces, quehaceres y emociones. El escritor español Juan
Marsé lo ha comprendido mejor: "No venimos a este
mundo nada más a escribir o a leer libros. Venimos a
tratar de ser felices". No hay que reprocharle a nadie que
sólo encuentre la felicidad a través de los libros. Muy su
derecho, en tanto no pretenda convertir esta creencia en
la base una religión para promover la lectura entre los
demás. Hay personas que todavía no se enteran que los
libros están hechos de la sustancia de la vida y que, en este
sentido, la vida es mucho más rica que la letra impresa,
ceniza del habla y ceniza del pensamiento. La realidad
siempre es más extraordinaria que la invención, porque
la invención es sólo una parte de la realidad.

Clasificar a los lectores en "falsos" y "verdaderos"

- No existe un lector en abstracto, sino tantos lectores
como personas hay. Nadie lee el mismo libro, aunque del
mismo libro se trate. Cada lector, al asumir su individuali-

107

dad, es "afectado" de un modo particular por el libro que está leyendo. En general, leemos los libros con los que nos sentimos identificados, con los que, de algún modo, coincidimos o que, especialmente, nos interesan por su propuesta dialogante. Contrariamente, los libros que refutan o impugnan nuestro concepto más profundo de la vida son, de algún modo, impugnadores de nuestra personalidad. Es frecuente escuchar que los "verdaderos lectores" son esto o son aquello. Esto implica, por lógica, que si hay "verdaderos lectores", los hay también "falsos". Previsiblemente, los "verdaderos lectores" somos siempre nosotros y los que leen como nosotros. ¡Faltaba más! Los otros constituyen, a nuestros ojos, anomalías de la práctica correcta, ortodoxa y edificante. Si hay un lector "ideal", nosotros lo encarnamos. Los "verdaderos lectores" son como las sectas religiosas: monopolizan la "verdad" y el camino correcto, mientras que los demás van por el despeñadero hacia el infierno. Hay que tener cuidado con este tipo de fundamentalismos "inteligentes". Cada quien lee lo que se le pega la gana, y si esto le satisface y no daña a los demás, ¿cuál es el problema? Un promotor del libro debe tener en cuenta no nada más la estética sino también la ética. En todo acto de enseñanza, la ética es una necesidad, y en el caso de la lectura una estética sin ética no sirve para nada, sino para hacer peor el mundo. Es importante saber que la cultura, la lectura y aun la alta escolaridad, por sí mismas, no nos salvan de ser unos canallas. Y hay que estar atentos todo el tiempo de lo que somos capaces de hacer en nombre de nuestra probada cultura y nuestro reconocido prestigio. La gente no comete delitos y canalladas por no saber leer y escribir; los comete por una pobreza de espíritu, al igual que la pueden cometer los pobres de espíritu muy leídos y *escribidos,* muy cultos y, presuntamente, muy sabios. "Nadie vive sin elegir —dice Comte-Sponville. Cada uno es inocente de sí mismo pero responsable de sus actos. Y responsable por lo tanto, al menos en parte, de aquello en lo que se ha convertido".

XI. LA BIBLIOTECA Y LA LECTURA

△

Estadísticamente, en el ámbito escolar-bibliotecario, los lectores autónomos son escasos: una ínfima minoría (debido sobre todo a un analfabetismo cultural, que es algo mucho más que funcional), representada por personas que aun sabiendo decodificar una palabra, una frase, una oración, un párrafo, una página, al mismo tiempo no sólo carecen del gusto de leer sino que, además, no creen que la lectura cotidiana de libros constituya una experiencia digna de disfrutarse.

La escuela les ha hecho creer que toda lectura, además de ser aburrida y dolorosa, se hace exclusivamente con un fin interesado para alcanzar el éxito profesional. ¿Cuántas veces no habremos escuchado la famosa frase "quemarse las pestañas" con la que muchos justifican no su inteligencia ni su gozo de leer, sino la aplicación y disciplina que pusieron sobre los libros para sacar una carrera?

En el caso de muchos adultos, estas personas pueden ser universitarias, muchas de ellas con carreras humanísticas y aun con postgrados, y sin embargo no les interesa leer por iniciativa propia ni tienen una relación estrecha con los libros y la lectura en general.

Algunos apenas frecuentan el periódico, y los libros o fragmentos de libros (fotocopiados) que leyeron en la universidad, no tuvieron otro uso que apoyarlos en su objetivo de conseguir el título.

No debemos ver las cosas con simple optimismo, sino con realismo. Cada vez se hace más necesario dialogar, debatir y aun

111

discutir y discrepar del modo más civilizado y cordial, sobre un asunto, el de la lectura, que con frecuencia no acepta sino una sola idea que, por lo general, es la políticamente correcta, y ya se sabe lo que dijo, con tanta certeza, el filósofo y educador francés Alain*: "Nada hay más peligroso que una idea cuando lo único que se tiene es una idea".

El problema de la lectura en el que participa la biblioteca pública está íntimamente relacionado con el problema de la lectura en la escuela. (No hay que confundir lotes de libros con bibliotecas organizadas. Las llamadas bibliotecas de aula no son exactamente bibliotecas, sino exiguas y elementales colecciones de libros.)

José Vasconcelos* sostenía que "la biblioteca complementa a la escuela, en muchos casos la sustituye y en todos los casos la supera". Por su parte, Jaime Torres Bodet* (el primer director del Departamento de Bibliotecas que tuvo la Secretaría de Educación Pública) ya señalaba, en las primeras décadas del siglo XX, que la escuela y la biblioteca constituían un binomio indisoluble, y que el destino de las bibliotecas estaba íntimamente ligado al destino de la escuela, y sobre todo de la escuela elemental.

El problema es que desde hace un buen tiempo la escuela básica y la escuela media les quitan a los niños y a los adolescentes el apetito por la lectura, como consecuencia de la obligatoriedad de libros que están muy lejos de sus intereses.

Resultado de ello es una biblioteca que prolonga los deberes de la escuela y no incentiva la lectura autónoma porque a la escuela esto no le interesa mayormente. Los niños y los adolescentes acuden mayormente a la biblioteca a realizar sus deberes escolares.

Todos hacemos algo en la medida de nuestra experiencia, nuestro conocimiento y nuestro entusiasmo, pero muy poco podemos hacer en tanto la escuela no modifique sus estructuras y propósitos.

Enseñar sin placer es condenar al sufrimiento y al aburrimiento a los que sólo aprenden por afán interesado algo que después sólo les traerá frustraciones. La lectura es algo más que aprender habilidades y destrezas; es aprender a vivir para aprender a ser.

Roger Chartier* ha advertido que "la biblioteca del futuro podrá reconstituir alrededor del libro y de la cultura escrita las sociabilidades e intercambios que hemos perdido y de ese modo puede contribuir a construir el espacio público y crítico que necesitan nuestras sociedades".

Creo que esto es exacto. Pero será sin duda difícil conseguirlo sin el cambio de paradigma de la escuela y de la sociedad misma. Mientras la biblioteca pública siga respondiendo al paradigma obsoleto del sistema escolar que muy poco tiene que ver con la reflexión y casi todo con la memorización en una mente desordenada, como bien señala Edgar Morin, la biblioteca pública, al igual que la escuela, no incentivará lectores, sino tan sólo usuarios de lo urgente pero no de lo necesario.

*Si quieres, lee...

- Alain [Émile Chartier], *Mira a lo lejos,* traducción de Emilio Manzano, Barcelona, RBA, 2007.
- Chartier, Roger, *Cultura escrita, literatura e historia,* Fondo de Cultura Económica, México, 1999.
- Torres Bodet, Jaime, *Obras escogidas,* Fondo de Cultura Económica, México, 1995.
- Vasconcelos, José, *Memorias,* Fondo de Cultura Económica, México, 1982.

Dos cosas que, razonablemente, pueden evitarse

Repetir, sin cuestionar, los tópicos de la lectura

- Un tópico es algo muerto, rígido, petrificado, sobre el cual se acumulan multitud de creencias que lo van haciendo, en apariencia, cada vez más imponente aunque

113

esté muerto. Los tópicos no están conformados únicamente por mentiras, pero una buena parte de ellos no es exactamente cosa verdadera. Como son creencias que nunca se analizan ni mucho menos se discuten, se dan por cosas verdaderas. Ejemplo de tópico: "La gente no lee". Casi todo el mundo letrado lo dice a cada momento. La pregunta es: ¿Qué gente no lee? Con esta simple interrogación comenzaríamos, razonablemente, a desarmar dicho tópico. Decir sin más que la gente no lee y partir de este argumento para llevar a cabo acciones y estrategias de fomento a la lectura, es no precisar absolutamente nada. Cuando examinamos dicho tópico, vemos que la gente, en general, sí lee, y lo único que echamos de menos es que no tenga un tipo de lectura más formativa. El problema es que esto, que parece tan evidente, no lo puede distinguir ningún tópico, porque el tópico jamás precisa nada. El terreno de la promoción y el fomento de la lectura está sembrado de tópicos al igual que un campo de minas. Habría que comenzar por desmontarlos de un modo analítico para poder dirigir más sensatamente nuestros esfuerzos de promoción y fomento. Más tópicos: "Leer nos hace mejores" (¿en qué sentido); "Los que no leen libros son unos burros" (¿Sócrates era un burro? ¿Lo era Jesucristo?); "Los libros son mejores que las personas" (¿qué libros y qué personas?); "El que lee más sabe más" (¿la medida del saber es la cantidad o la calidad de los leído?), etcétera. Si nos dejamos conducir por los tópicos, estaremos obrando con muy poca inteligencia y difícilmente conseguiremos nuestro propósito: promover y fomentar la lectura entre quienes menos leen o nunca han leído.

114

Afirmar que el libro lo es todo

- Ha dicho José Antonio Marina que cada vez se hace más necesario debatir el concepto de inteligencia que hemos privilegiado por siglos, pues muchas veces este concepto se ha reducido a la cantidad de libros leídos, por una parte, y a la excelencia escolarizada, por otra. En realidad, nada de esto prueba, necesariamente, la inteligencia, sino, con alguna frecuencia, tan sólo la aplicación, la disciplina y la adaptabilidad, pues en gran medida este concepto se centra en la lectura instrumental: leer para aprobar exámenes y subir escalafones. Es por ello que llegamos a decir y a creer que el libro *lo es todo*: porque tenemos hacia él un fin interesado. En cambio, la lectura amateur, la lectura no profesional, siempre parecerá una pérdida de tiempo. Los estudiantes que se gradúan citan muchos libros en sus tesis y las más de las veces glosan las ideas de los autores de esos libros. Lo que casi no podemos saber, a partir de esos trabajos, es qué opiniones personales tiene el que citó todos esos libros. Curiosamente, los que afirman que el libro lo es todo, en cuanto consiguen su propósito escolar o laboral, abandonan los libros y olvidan lo leído. El problema de la falta de lectura en México reside más entre los profesionistas (es decir, entre los que poseen estudios y grados universitarios) que entre las personas carentes de títulos. Uno esperaría que, por formación académica y por ingresos, los universitarios compraran y leyeran más libros, pero es que, para una gran cantidad de ellos, los libros sólo sirven para "estudiar", y la lectura sin un propósito deliberado y utilitario no es algo que les atraiga. A pesar de decir que el libro *lo es todo*, únicamente *lo es todo* si hay un fin interesado. Craso error. Lo mejor de los libros no es convertirnos

115

en repetidores de sus conceptos, sino en reelaboradores no sólo de sus ideas sino también de las emociones que suscitan en nosotros los lectores. Los libros no sólo nos hacen saber, sino también nos ayudan a sentir. Son combustibles para la vida y no sustitutos del pensamiento y de la emoción. "Creemos —dice Marina— que el conocimiento es importante, pero son los sentimientos los que nos hacen felices o desgraciados." Y así es. Sólo que lo venimos a saber en el momento en que nos preguntamos por qué si somos tan exitosos profesionalmente somos a la vez tan desdichados en nuestra existencia cotidiana. El problema es que, entre tantas ideas prestigiadas y certificadas sobre el conocimiento y el saber, nunca nos pasó por la cabeza la lúcida conclusión de Hermann Hesse: "Las únicas ideas que tienen valor son las que vivimos". Las otras nos pueden hacer más instruidos, pero "la persona instruida está precisamente más instruida que la indocta, pero no necesariamente más cuerda ni más feliz". No hay que confundir las cosas.

XII. Lectura y sociedad

△

Vivimos en una sociedad acumulativa y consumista donde la gente mide el grado de su éxito en función de lo que tiene: la cantidad de posesiones, bienes muebles e inmuebles, cuentas bancarias, títulos, diplomas, credenciales, tarjetas de crédito, etcétera.

A decir de Marvin Harris*, "el consumo conspicuo satisface nuestro deseo de sentirnos superiores, incluso si por ello hemos de pagar un precio elevado", y en coincidencia con Thorstein Veblen*, autor de la ya clásica *Teoría de la clase ociosa*, Harris señala que todo esto tiene que ver con una desesperada búsqueda de prestigio, pues es el prestigio, y no otra cosa, según la creencia social, lo que certifica nuestra presunta superioridad.

Esta concepción acumulativa afecta incluso a la lectura, que se mide, preferentemente, por la cantidad de libros leídos y coleccionados. Es obvio, sin embargo, que el consumismo de libros no garantiza una sólida formación intelectual, cultural y ética.

La Antigüedad clásica lo supo, pero la sociedad de consumo no: "La mente se forma leyendo mucho y no leyendo muchas cosas", en palabras de Quintiliano; o bien: "Es necesario leer mucho, pero no muchas cosas", en palabras de Plinio el Joven; apotegma actualizado magistralmente por Juan Ramón Jiménez: "Si quieres leer muchos libros, compra pocos"; que es lo mismo que decir, con Henry Miller, que lo más sensato de la formación intelectual es "leer menos y menos y no más y más".

117

Comemos para vivir. Lo contrario es una falla del sistema endocrino o bien una debilidad del espíritu. Así también, hay que leer para vivir y no vivir para leer o, peor aún, para acumular montones de celulosa y letra impresa, mal asimilados, que solemos confundir con saber, conocimiento, cultura e inteligencia. Siguiendo a Platón, que a su vez sigue a Sócrates, Gabriel Zaid nos recuerda que hay gente que "llega a creer que sabe porque tiene libros".

En 1976, tres lustros después de haber publicado *El arte de amar*, en su libro *¿Tener o ser?*, Erich Fromm* habla de la necesidad de un libro que tuviese por título y por objetivo *El arte de ser*, pues consideró que, en gran medida, la sociedad occidental, y en general prácticamente todas las sociedades, privilegian *el tener* en detrimento del *ser*.

Fromm murió en 1980 y no escribió propiamente ese libro, pero en 1989 su antiguo colaborador Rainer Funk publicó, con el título *Del tener al ser*, los capítulos sobre este tema que el gran pensador había dejado fuera de *¿Tener o ser?* Con este complemento, podríamos decir que *El arte de ser* no sólo quedó esbozado.

Partiendo de una sentencia de Lao-tse ("La manera de hacer es ser") y de otra de Eckhart ("El hombre no debe considerar tanto lo que *hace*, sino lo que *es*"), Fromm reflexiona del modo más lúcido sobre el drama del ser humano contemporáneo: atrapado en las redes del mercantilismo y de la acumulación de cosas e ilusiones, ajeno a los escrúpulos y siempre pendiente del *más* antes que del *cómo*.

Nos advertía desde entonces que al haber elegido el *tener* en vez del *ser*, esta elección nos llevaría inexorablemente a una catástrofe de mano de la técnica sin humanidad y del presunto "progreso social" (más bien retrógrado), lleno de contradicciones, inequidades e iniquidades en nombre de la mejoría humana.

Tener y consumir se convirtieron en dos verbos que rigen hasta hoy todos los ámbitos de nuestra vida: desde la familia hasta la educación y la cultura, pasando desde luego por la economía, la política, el arte, etcétera.

118

Vinculada estrechamente al aprendizaje y a la educación, la lectura no ha escapado de este condicionamiento catastrófico, pues, como bien dice Fromm, en vez de constituirse en una conversación entre autor y lector, leer libros está más en el campo del *tener* que en el ámbito de *ser*.

Se privilegia la cantidad más que la calidad, y, en el caso de libros de ficción (novelas y cuentos, sobre todo), "el texto se devora como un programa de televisión o como las papas fritas que se comen mientras se ve televisión": en general, sin una participación interior del lector, sin haber aumentado su cultura, sin haber ampliado su conocimiento de la naturaleza humana y sin tener siquiera un atisbo de conocimiento de sí mismo.

El autor de *¿Tener o ser?* amplía su explicación a todo tipo de libros y señala muy enfáticamente la función que desempeña, en esta deformación educativa, el sistema escolarizado. Explica:

Los modos de leer se aplican igualmente a un libro de filosofía o de historia. La manera de leer un libro de filosofía o de historia se forma (o mejor se deforma) por la educación. La escuela intenta darles a los estudiantes cierta cantidad de "propiedad cultural", y al final de los cursos certifica que los estudiantes *tienen* por lo menos una cantidad mínima. A los alumnos les enseñan a leer un libro para que puedan repetir los principales pensamientos del autor. Así es como los estudiantes "conocen" a Platón, Aristóteles, Descartes, Spinoza, Leibniz, Kant, Heidegger o Sartre. La diferencia entre los diversos niveles de educación, desde la preparatoria hasta la universidad, consiste principalmente en la cantidad de propiedad cultural que se adquiere, que corresponde aproximadamente a la cantidad de propiedad material que los alumnos esperan recibir en su vida posterior. Los llamados estudiantes excelentes pueden repetir con mayor exactitud lo que ha dicho cada uno de los filósofos. Son como un catálogo de museo bien documentado; pero no aprenden lo que se encuentra más allá de este tipo de propiedad cultural. No aprenden a cuestionar a los filósofos, a hablarles; no aprenden a advertir las contradicciones de los filósofos, si eluden ciertos problemas o si evaden determinados temas; no aprenden a distinguir lo que era nuevo y lo que los autores no pudieron dejar de pensar porque era considerado de "sentido común" en su época; no aprenden a escuchar para distinguir cuando los autores sólo hablan con su cerebro, y cuando hablan con su cerebro y su corazón; no aprenden a descubrir si los autores son auténticos o falsos; y muchas cosas más.

Cualquier lector atento puede advertir que este diagnóstico de 1976 describe, en gran medida, el modo predominante de la escolarización actual: un modo que privilegia el tener y no el ser. "En el modo de *ser*, los lectores a menudo advierten que hasta un libro muy admirado carece enteramente de valor o tiene un valor muy limitado; o logran comprender plenamente un libro, a veces mejor que el autor, quien pudo haber considerado que todo lo que escribió era igualmente importante". Pero este modo de lectura no está muy extendido en la sociedad, porque las aulas no lo favorecen.

El *ser* de la lectura es una práctica del lector escéptico, racional y sensible, que lee no para acumular ni para retener, especialmente, las cosas de memoria, sino para, excitado por el libro, permitir fluir su pensamiento, con una participación interior que facilita el pensar propio antes que el simple consumo del decir ajeno. El libro en este caso no es otra cosa que un buen pretexto para disfrutar la reflexión, como lo son todos los libros ante un lector alerta y sensible.

No es lo mismo ser únicamente consumidor (y, en el peor de los casos, consumista) de ideas, conceptos, tópicos, fantasías, etcétera, que ser interlocutor con los autores, en un diálogo franco y abierto (más allá de clichés y fetichismos), que aguza nuestros sentidos, afina nuestra sensibilidad y nos da la confianza para pensar por nosotros mismos.

Incluso en el uso de la memoria pueden hacerse algunas distinciones básicas. El aprendizaje que privilegia la escuela es contener, como en un dique, lo "aprendido"; guardarlo en la memoria o en las notas, para recitarlo literalmente llegada la ocasión (durante un examen, en una prueba para aspirar a un trabajo, en una aplicación laboral, etcétera). Pero nada de lo memorizado tiene el propósito de crear algo nuevo, a partir de lo "aprendido". De hecho, dice Fromm, los individuos que guardan en su memoria las cosas sin procesar "se sienten perturbados por las ideas o los pensamientos nuevos acerca de una materia, porque lo nuevo los hace dudar de la suma fija de información que poseen".

Muy distintos son, en cambio, los que utilizan la memoria como un buen depósito de combustible para estimular la actividad de su pensamiento, con nuevas preguntas, nuevas ideas y otras perspectivas de lo recordado. En la memoria de alguien así, todo se interrelaciona, con la realidad, de manera vital, y las cosas se recuerdan activamente y producen nuevos pensamientos e inéditas emociones. Por desgracia, no es el tipo de educación más frecuente en las escuelas, donde se confunde la memorización y repetición de tópicos y abstracciones con el conocimiento activo.

En relación con lo que se "sabe" y lo que se "aprende", sobre todo en las aulas, no es lo mismo *conocer* que *tener conocimientos*. Tener conocimientos es detentar conceptos fijos y avalados que la escuela certifica como "saber". Conocer, en cambio, es algo funcional. "Significa —dice Fromm— penetrar a través de la superficie, llegar a las raíces y, por consiguiente, a las causas; significa *ver* la realidad desnuda, y no significa poseer la verdad, sino penetrar bajo la superficie y esforzarse crítica y activamente para acercarse más a la verdad".

Reivindicando la crítica radical a la escolarización, que llevó a cabo Ivan Illich* en los años setenta, Fromm explica que la escuela no tiene el propósito de enseñarnos a conocer más profundamente algo, sino a poseer más conocimientos, generalmente inactivos. Así, el estudiante tiene un conocimiento, como

121

posesión, que le servirá después, al insertarse al medio laboral, para obtener propiedades y prestigio social. Las escuelas, a manera de fábricas, venden u ofrecen (en el caso del sistema público) paquetes de conocimientos, pero no enseñan a conocer ni a ser, sino que adiestran para poseer.

Illich advirtió:

> Al alumno se le "escolariza" para confundir enseñanza con saber, promoción al curso siguiente con educación, diploma con competencia, y fluidez con capacidad para decir algo nuevo. A su imaginación se le "escolariza" para que acepte servicio en vez de valor. Se confunde el tratamiento médico tomándolo por cuidado de la salud, el trabajo social por mejoramiento de la vida comunitaria, la protección policial por tranquilidad, el equilibrio militar por seguridad nacional, la mezquina lucha cotidiana por trabajo productivo.

Lo mismo pasa con la lectura. Se confunde *más* con *mejor*, cantidad con calidad; velocidad con sapiencia; paroxismo con alegría; aburrimiento y falta de gozo con interés; deseo irrefrenable con amor. El famoso "amor al libro" puede ser también, y a qué grado, un simple tópico de corrección política. Tener amor por los libros es diferente de amarlos. Quien los ama no los idolatra, pues sabe que son objetos muertos que necesitan revivirse y revitalizarse, no erigiéndoles altares ni sacralizándolos, sino animándolos con la lectura atenta, crítica y escéptica. Leer un libro es entablar una conversación.

Fromm estima que, con gran frecuencia, "lo que la gente llama *amor* es un mal uso de la palabra, para ocultar que en realidad no ama". No es lo mismo *tener amor* que *amar*. Lo primero es tan sólo una abstracción más, entre tantas otras que utilizamos todos los días: tener buenos sentimientos, tener educación, tener conocimientos, etcétera. Amar es otra cosa, muy concreta: "Implica cuidar, conocer, responder, afirmar, gozar de una persona, de un árbol, de una pintura, de una idea. Significa dar vida, aumentar su vitalidad. Es un proceso que se desarrolla y se intensifica a sí mismo".

Amar incluye la alegría de hacer y de ser, más que la simple posesión. Así como hay deseo sin amor, hay también placeres sin alegría. El placer es la satisfacción de un deseo, que puede estar lo mismo en admirar una pintura que en asesinar a alguien. El placer suscita excitación, pero no siempre alegría, porque la alegría, a decir de Eckhart, tiene que ver con lo vital, es decir con lo que da vida.

Hay mucha gente que hace las cosas con placer, pero no con alegría, y nunca queda satisfecha, por ejemplo, con la parsimoniosa lectura de un libro. Siente que debe ir a toda velocidad, para inmediatamente pasar a otro. En realidad, se aburre, y la falta de alegría gozosa lo lleva, asaeteado por la excitación, a leer aceleradamente un libro tras otro, sin jamás saciarse. No quiere distraer su tiempo en pensar o en estremecerse; lo único que quiere es leer. Y si efectúa una pausa en esta actividad no sabe que hacer con su cabeza ni con sus manos.

"No hago nada sin alegría —escribió Montaigne*—, y la excesiva obstinación en algo demasiado ingrato entristece mi juicio, me llena de contrariedad y me ofusca [...] Si un libro me enfada, tomo otro, y sólo lo leo a las horas en que el fastidio del ocio comienza a pesarme". Gran lección, sin duda, para el lector feliz, que podemos complementar con la siguiente definición de Fromm: "La alegría es lo que sentimos en el proceso de acercarnos más a la meta de ser nosotros mismos".

Si seguimos concibiendo socialmente la lectura, bajo un modelo acumulativo y escolarizado, como un ejercicio de posesión del saber para el éxito, más que de experiencia feliz para el autoconocimiento, todo cuanto digamos de sus virtudes resultará demasiado aburrido, nada atractivo, insípido e interesado. No hay que confundir lectura con currículum. Aún es tiempo de aprender algo de Séneca*: "La lectura alimenta el intelecto y lo reconforta cuando está fatigado del estudio".

*Si quieres, lee...

- Fromm, Erich, *¿Tener o ser?*, traducción de Carlos Valdés, Fondo de Cultura Económica, México, 1978.
- ——, *Del tener al ser*, traducción de Eloy Fuente Herrero, prólogo y epílogo de Rainer Funk, Paidós, Barcelona, 2000.
- Harris, Marvin, *Nuestra especie*, traducción de Gonzalo Gil, Joaquín Calvo e Isabel Heimann, Alianza, Madrid, 1995.
- Illich, Ivan, *La sociedad desescolarizada*, traducción de Gerardo Espinosa, 2ª edición, Barral, Barcelona, 1975.
- Montaigne, Michel de, *Páginas inmortales*, selección y prólogo de André Gide, traducción de Juan Gabriel López Guix, Tusquets, Barcelona, 1993.
- Séneca, Lucio Anneo, *Cartas a Lucilio*, prólogo y traducción literal del latín de Vicente López Soto, 3ª edición, Juventud, Barcelona, 2006.
- Veblen, Thorstein, *Teoría de la clase ociosa*, traducción de Vicente Herrero, 2ª edición, Fondo de Cultura Económica, México, 1974.

Dos cosas que, razonablemente, pueden evitarse

Dejar de angustiarnos por lo que no leemos y por lo que no leen los demás

- Decía Erich Fromm que hay que "ser feliz en el proceso de vivir cada día más, sin importar el avance que el destino nos permita realizar, porque vivir tan plenamente como se puede resulta tan satisfactorio que es difícil preocuparse por lo que uno logra o no". Retomar este consejo, muy razonable y sensato, podría reducir nuestras angustias y aumentar nuestras alegrías en relación con la idea de que la brevedad de la vida no nos permite leer todo y ni siquiera todo lo que nos interesa y es digno de leerse. No todo en la vida tiene que ser lectura, ni todas las alegrías se reducen a las que nos proporcionan los libros. Por otra parte, quienes desarrollan una idolatría por la letra impresa llegan a ciertos extremos bruscos de proselitismo bibliográfico que es natural que cualquier mortal salga huyendo o les saque la vuelta. Adorar a los libros como ídolos y objetos sagrados, y pugnar porque los demás los adoren del mismo modo puede ser un signo de falta de imaginación o de ignorancia de la realidad. Si los grandes autores se hubieran puesto a adorar libros, en vez de pensar por sí mismos, no tendríamos los libros de Montaigne, Nietzsche y Schopenhauer. Es muy distinto gozar de la cultura escrita y animar con cortesía a los que no tienen este gozo, que vivir angustiados porque, a nuestro alrededor, no toda la gente disfruta lo que a nosotros nos place. Nietzsche afirma que la felicidad no es, ni mucho menos, una enfermedad tan contagiosa como solemos suponer de modo muy optimista: que sólo es cosa de ser felices para que los demás nos imiten. Por el contrario, dice el escritor y filósofo alemán, "basta un único hombre sin alegría para proporcionar un malhumor duradero y un cielo empañado a toda la situación de una casa". Lejos de todo narcisismo y desplantes arrogantes, lo que podemos hacer es compartir gentilmente nuestra afición por los libros con los que se muestren receptivos. Nuestro gusto no tiene que ser, necesariamente, el gusto de todos.

Uniformar y militarizar la lectura

- "No hay dos seres humanos completamente iguales", sostiene Fromm. Todos somos distintos, y diferenciables, como las huellas digitales. Podemos compartir y cultivar empatías, pero ni siquiera las empatías consiguen

125

eliminar del todo las barreras de la individualidad o, para decirlo más apropiadamente, de la mismidad. "Yo soy yo y mi circunstancia", dice José Ortega y Gasset en sus *Meditaciones del Quijote*. Pero ésta, que es verdad de Perogrullo, suele pasarse muchas veces por alto cuando de prescribir libros se trata. Profesores pretenden imponer a todos sus alumnos la misma lectura, puesto que pertenecen al mismo grado escolar y porque así lo exige el programa. Padres de familia insisten en que sus hijos lean el libro que a ellos les fascinó cuando eran niños, nada más porque sus hijos son niños que tienen una edad parecida a la que tenían ellos cuando leyeron el libro que tanto les gustó. No se ponen a pensar que eso sucedió hace cuarenta años, cuando aún se amarraba a los perros con longaniza. Promotores y fomentadores del libro se esfuerzan tercamente en convencer a los lectores incipientes de que es inconcebible (¡y hasta un pecado mortal!) que tal autor grandioso no les guste, siendo que se trata de la más alta cúspide de la creación literaria e intelectual. Cómo es posible, se preguntan airados, que esos lectores que empiezan no puedan pasar de las primeras páginas de este u otro libro si a ellos (los promotores) cuando eran jóvenes, los mantuvo en vilo de tanta fascinación. A ello se le puede denominar "uniformar lectores", disciplinarlos, ponerlos en fila y luego pasar revista. Dicho más concisamente: militarizar la lectura. Si no hay dos seres humanos completamente iguales, es natural que también los lectores seamos diferentes. Por fortuna, hay tantos libros para leer que, si lo hacemos por gusto y con alegría, no hay ninguna razón para que todos leamos exactamente los mismos.

XIII. Escribir y leer por obligación

△

Un amigo me pide, como un favor especial, que lea cierto libro y que escriba una reseña. Desde hace mucho tiempo no hago algo así. Ya no leo libros por encargo. Soy no sólo selectivo con mis lecturas, sino que trato de seguir el buen consejo que ofrece Henry Miller* en *Los libros en mi vida*: "Leer menos y menos y no más y más", pues, al igual que él, pasados mis cincuenta años, "no cabe duda de que he leído un centenar de veces más de lo que debí haber leído para mi propio bien".

Por una bárbara gimnasia culturalista, los lectores avezados llegamos a creer que debemos romper todas las marcas mundiales de lectura, y el leer se convierte en ejercicio para imponer un récord. Más que hábito, leer libros se vuelve obsesión (un libro tras otro y otro más), con la consecuencia de que, literalmente, nos volvemos miopes frente a la realidad. Hay quien no da un solo paso si no consulta antes la bibliografía.

Abundan los que creen que *mucho* es *mejor*. En cierta ocasión, una persona del ámbito editorial llegó a decir, osadamente, que la mejor medida de la lectura era la de consumir 365 libros al año. Si esto es lo mejor para el placer de leer, entonces, análogamente, la mejor medida del placer sexual serían 365 o 730 o 1,095 coitos al año. ¡Vaya manera de medir y de entender el placer! Este tipo de enajenación "culta" y "noble" casi nunca se impugna. Y es natural que no se impugne: toda exageración y todo exceso favorables al uso del libro siempre tienen muy buena prensa y excelente propaganda.

127

Pero vuelvo al libro del amigo de mi amigo. Es bueno. Lo leo y me parece digno de un comentario que lo recomiende. Pero me tardé horrores en atreverme a empezar la lectura, y no menos horrores en escribir la reseña. Es que el trabajo forzado se torna molesto hasta para quien se ocupa del placer. Siempre he creído que las actrices y los actores del cine porno no llegan a sus casas ansiosos de hacer el amor, sino de curarse las heridas y echarse a dormir, pues como acertadamente señala Burgo Partridge*, "una orgía es una descarga de tensión organizada y, como tal, tiende a adoptar una manifestación histérica o catártica". Incluso los festines de lectura que a veces nos damos no son otra cosa que una descarga orgiástica, y en casos extremos "una orgía perpetua", como la entendía Flaubert*: "Aturdirse en la literatura como el único sistema para soportar la vida".

En otras circunstancias, si yo hubiese encontrado el libro en una librería y lo hubiese adquirido por propia voluntad, lo hubiese leído de inmediato y con entusiasmo, porque el libro, como digo, es muy bueno, pero heme aquí que le di mil vueltas al asunto, y que me revolví con molestia contra mí mismo antes de hincarle el diente y luego escribir la reseña. Durante semanas viví inconforme conmigo mismo.

Mi molestia era no haber podido (o no haber querido, da lo mismo) decir que no. Insisto en que el libro me pareció bueno; lo es que es más, no sólo bueno sino excelente, pero el deber de escribir sobre un libro del que no tenía intenciones de escribir detuvo mi pluma hasta casi paralizarla.

En silencio, me inconformé. Y me pregunté: ¿Por qué no le dije a mi amigo que no tenía tiempo o que no tenía ganas o que no tenía ni tiempo ni ganas de enfrascarme en algo que no me entusiasmaba? Pero éste es el tipo de cosas que llamamos compromisos ineludibles, más por cortesía que por propio interés. Volví a reprocharme mi debilidad que me condujo a aceptar algo que no deseaba, pero al final hice la tarea.

Escribí la reseña sin entusiasmo, pero con disciplina y con oficio. En ella digo cosas que no son mentiras. No exagero el elogio ni se nota mi desgana. A fin de cuentas es un libro excelente y conozco y aprecio su tema. Pero la verdad es que, por sufrir la lectura de algo que no estaba entre mis intereses, estoy seguro de que ya no volveré a este libro por voluntad propia. Lo he desterrado en lo más recóndito de mi biblioteca, sepultado entre diez mil volúmenes. Ya cumplí con el compromiso, lo hice bien, pero al dicho libro que se lo lleve el diablo: no está entre mis preferidos. Y todo por la obligación, por el maldito deber de leer algo que yo no quería.

Aunque (como dice Gabriel Zaid*), quien regala libros, reparte obligaciones, si me lo hubieran regalado sin la exigencia de leerlo, seguramente lo hubiera leído con más ánimo, y habría escrito algunos párrafos con franco entusiasmo.

El deber de leer, por más que nos lo quieran endulzar, es un deber amargo. Lo digo por experiencia y, por ello, puedo comprender perfectamente el drama que tiene que enfrentar un adolescente que dice "¡mierda!" cada vez que lo fuerzan a experimentar el "deleite" de un libro: Si lo que quiere un muchacho es estar pateando la pelota y lo que se le impone, en vez del futbol, es la lectura de un libro, ya echamos a perder el posible disfrute de leer.

Lo que digo es que no debe ser una cosa por otra. Se puede leer sin dejar el futbol ni la computadora ni la conversación con los amigos. Hay que leer para vivir y no vivir para leer. Y leer lo que se nos pegue la gana, y no lo que se le pegó la gana a otros.

*SI QUIERES, LEE...

- Flaubert, Gustave, *Madame Bovary*, traducción de Carmen Martín Gaite, Origen, México, 1983.
- ——, *La pasión de escribir*, traducción de Argentina Carreras y María Teresa Maiorana, 2ª edición, Ediciones Coyoacán, México, 2000.

- Miller Henry, *Los libros en mi vida*, traducción de José Martínez Pozo, Mondadori, Madrid, 1988.
- Partridge, Burgo, *Historia de las orgías*, traducción de Ersi Samará, Ediciones B, Barcelona, 2005.
- Zaid, Gabriel, *Los demasiados libros*, nueva edición revisada y aumentada, Océano, México, 1996.
- ——, *El secreto de la fama*, Lumen, México, 2009.

Dos cosas que, razonablemente, pueden evitarse

Dogmatizar nuestro concepto de "buena lectura"

- Un dogma es, por definición, lo indiscutible, lo que no se pone en duda, la Verdad Revelada. El dogma, por ello, está más cerca de la religión que de la lógica, y se parece más a la superstición que a la razón. De tal suerte, una persona supersticiosa siempre encontrará motivos, en sus acciones e incluso en sus pensamientos para relacionarlos, indefectiblemente, como causales de su destino. "Me echaron la sal", dirá si le va mal. "Aquel fue un signo favorable", dirá si le va bien. Es una ingenuidad, pero la gente se lo toma muy en serio, y aunque el pensamiento supersticioso es más común entre las personas "incultas", un amplio sector de personas cultivadas en el libro y en las aulas fomenta y defiende una serie de dogmas, obviamente envueltos en ropajes culturalistas. Así, por ejemplo, un lector bienintencionado de libros en papel afirma con obcecación que él no le facilitará a su hijo la lectura por internet, ya que, a su juicio, esta tecnología constituye una competencia nociva a la lectura de libros en soporte tradicional, amén de una distracción de lo importante. Su hijo, sin embargo, es un niño que forma parte de las generaciones de nativos digitales que se han desarrollado en medio de las tecnologías electrónicas y para quienes el libro en papel es un objeto menos amable que el hipertexto. El proceder de este padre de familia nos recuerda el de las sectas religiosas que exigen a sus integrantes vivir aislados, sin contacto alguno con los que no son de su clan, sin luz eléctrica, sin teléfono, en permanente endogamia, etcétera, para no "contaminarse". Más que favorecer el conocimiento, una segregación así fomenta la ignorancia, a pesar incluso de contar con lecturas canónicas o con libros clásicos. Pensar que la "buena lectura" sólo está alojada en libros prestigiados y autorizados de soporte en papel constituye una enorme limitación para el conocimiento. Internet más que competir con el libro de formato tradicional, lo potencia al diversificar sus posibilidades. Incluso tratándose de libros en papel, no hay que confundir un buen libro con una buena lectura. Podemos tener la seguridad de que el *Quijote* es un buen libro, pero también podemos dudar de que sea una "buena lectura" o una *lectura ideal* para un niño de nueve años de edad. Hay libros de poco prestigio y de escaso valor canónico que, sin embargo, nos preparan, emocional e intelectualmente, para poder llegar, con más ventajas, a los libros de Cervantes.

Sentir culpabilidad por leer sin un fin utilitario

- "Sin cierto olvido de la utilidad, los libros no podrían ser apreciados", decía Alfonso Reyes. Y es que la lectura, elegida libremente, antes que cualquier cosa produce en el lector un disfrute disparado por los intereses más variados, pero disfrute al fin. Es un ejercicio de amenidad y con frecuencia de deleite que no debe ser anulado por una vocación profesional mal entendida. Por ello, no hay

131

peor motivo para leer un libro que el exclusivo propósito de un ejercicio utilitario. Hay personas que se sienten culpables si leen un libro con el único afán de disfrutarlo; les parece que leer por placer es un pecado. Por ello, cuando utilizan un libro, no ponen alegría ninguna (no digamos ya amor) en lo que hacen, de la misma manera que procede, según observación de Alfonso Reyes, la cortesana (asqueada) de prodigar sus desapasionadas caricias profesionales. La mendicidad profesional desemboca muchas veces en la mendacidad profesional. Dedicarse a prodigar caricias profesionales a lo único que puede conducirnos es al hartazgo, ya no sólo hacia los malos libros o hacia aquellos que consideramos malos, sino en general hacia cualquier libro. ¿Puede un hombre culto estar harto de los libros? Hipócritamente, muchos dirán que no. No vaya a ser que los tilden de antiintelectuales o, peor aún, que los consideren brutos. Pero, en una carta, Reyes, más sincero que muchos, le escribió lo siguiente a Jorge Luis Borges: "Estoy deleitado con *El Aleph*. Acaso por culpa de mis obligaciones didácticas, me siento harto de los libros. Usted me reconcilia con las letras". El gran problema de algunos lectores profesionales (profesores, bibliotecarios, investigadores, críticos, etcétera) es que ya no disfrutan ningún libro, pues piensan que disfrutarlo es perder el tiempo, y por ello exigen a los otros lectores que más que por placer lean por utilidad, como si la adquisición de conocimiento no fuera, en sí misma, un placer. Mientras no entendamos que el lector (aun en el caso de que sea profesional del libro) no debe sufrir lo que hace, sino disfrutarlo lo más intensamente posible, seguirá habiendo personas frustradas de oficio malhumorado.

XIV. ESCRIBIR Y LEER CONTRA LOS DEMÁS

△

¿De qué se quejan algunos de los más connotados escritores minoritarios que hoy publican sus libros, con buen éxito y mucha publicidad, en los más prestigiados sellos editoriales del circuito comercial?

Se quejan, curiosamente, de que aunque sean exitosos y estén de moda entre los sectores intelectuales de caché no vendan más libros que García Márquez, Isabel Allende, Arturo Pérez-Reverte, Ildefonso Falcones y Carlos Ruiz Safón, a quienes desprecian y detestan, pero también envidian.

Su disgusto tiene que ver con ventas y popularidad. Están seguros que *lo que se llama calidad,* ellos la tienen a raudales, pero que desgraciadamente el público lector es muy zoquete y no está a la altura de los nuevos genios. Lo creen.

No quieren ser "fáciles", y se dan el lujo de ser un tanto aburridos, pero sí quieren ser populares y millonarios: que todo el mundo se apeñusque a las puertas de las grandes librerías y que luego se abalance sobre sus libros y los compradores se arrebaten unos a otros los ejemplares a punta de patadas, puñetazos y puñaladas. Que haya heridos y corra sangre... y todo por leerlos.

Quieren bailar bonito pero sin ser negros. Escribir como Claudio Magris pero vender como Ruiz Safón. Ser elitistas, pero muy populares. ¡Vaya con las ambiciones contradictorias!

El problema de la literatura actual es que tiene como modelo a la camorra: quienes se sienten los dueños de la "buena lite-

133

ratura" quieren eliminar la competencia deturpando la escritura de los otros, esos otros que muy bien harían en dejar de escribir y publicar para cederles, enteritos, el mercado y el público a los "verdaderos escritores", finos y exquisitos, y algunos tan amenos como un cólico hepático.

Muy mala escuela. La "escuela del resentimiento", de la que habla Harold Bloom* en *El canon occidental*, la podemos ver en el propio Bloom y en otros rencorosos profesionales que no se conforman con tener buena prensa, triunfar para regocijo de una elite más o menos compacta y ser traducidos a otras lenguas para esas minorías más o menos cultas o seudocultas que son casi iguales en todo el mundo, sino que, además, exigen ser leídos por los millones que leen a J. K. Rowling, Stephen King y Dan Brown. Quieren que esos millones dejen de leer a estos "embaucadores" y se pongan a leerlos a ellos. ¡Faltaba más!

Hasta el inteligente Harold Bloom se entonteció cuando, con arrogancia, despreció a los adolescentes que leen a Rowling, con el argumento de que *Harry Potter* le está preparando el público a Stephen King, un escritor muy detestado por él. Sólo hay una Iglesia verdadera con su respectivo catecismo: se comienza leyendo a Stevenson, Swift y Rabelais, y se llega a Shakespeare. Jodidos, los que llegamos a Shakespeare, pero nos iniciamos con *El Pato Donald*.

Este tipo de finos escritores (que si fueran músicos no escucharían pop ni rock, sino únicamente Beethoven), son los rencorosos profesionales que no se conforman con ser una secta exitosa, sino que desean absorber y controlar todo el mercado. Entienden la literatura como una guerra en la que hay que exterminar al enemigo o, en su defecto, tomar prisioneros. Sienten que son los únicos con derecho legítimo a escribir. Si de música se tratara, son los que escuchan óperas extasiados, pero se llenan de ronchas cuando a lo lejos oyen una cumbia, un vallenato, un bolero o un guaguancó.

Los alérgicos tienen justificación, pues sus rechazos e intolerancias hacia ciertas cosas constituyen un problema de salud.

134

Son los que, por ejemplo, están muy bien adentro de sus casas, pero se llenan de urticaria y sufren de rinitis, con sólo asomarse al jardín, si hay pasto recién cortado. Más que condenarlos, deberíamos comprenderlos. Los resentidos profesionales son, en cambio, otro asunto: consideran que si los demás no gozan con lo que ellos gozan ni les repugna lo que a ellos les repugna, entonces los demás son repugnantes.

Escribir y leer con el principal propósito de liquidar otras escrituras y otras lecturas es absurdo. Los grandes escritores muertos, que han llegado vivos a nuestros días, escribían porque no podían ni querían hacer otra cosa, no porque se propusieran exterminar a sus vecinos.

Si escribimos y leemos pensando que lo hacemos *contra los demás*, es lógico que tengamos en abundancia escritores y lectores que no se cansan de decirnos que somos unos perfectos imbéciles, o unos redomados pendejos, porque no escribimos ni leemos lo que ellos escriben y leen.

*SI QUIERES, LEE...

- Bloom, Harold, *El canon occidental,* traducción de Damián Alou, Anagrama, Barcelona, 1995.
- ——, *El futuro de la imaginación,* traducción de Daniel Najmías, Anagrama, Barcelona, 2002.
- ——, *Relatos y poemas para niños extremadamente inteligentes de todas las edades,* traducción de Damián Alou, Anagrama, Barcelona, 2003.

DOS COSAS QUE, RAZONABLEMENTE, PUEDEN EVITARSE

Confundir arrogancia con inteligencia

- "Las galas no tienen nada que ver con la virtud", escribió Rousseau, pero así como hay muchos que confunden las galas con la virtud y el hábito con el monje, los hay también en abundancia que confunden la elegancia con la corbata. Creen que "vestir bien" es llevar atado al cuello un buen trozo de tela. Y si han crecido con esta idea, es difícil que lleguen a aceptar que para vestir bien y ser elegantes la corbata no es indispensable. Muchos individuos impresentables usan corbata. Otros más confunden el título profesional con el saber. Si les pides que argumenten sus afirmaciones o sus objeciones, te responden que sobre eso ya hicieron una tesis de doctorado. Son muy parecidos a quienes creen que inteligencia y arrogancia van de la mano o son equivalentes. Es verdad que, como lo advirtió Antonio Machado, algún grado de pedantería está asociado a la cultura, pero el exceso de ella puede convertirse incluso en una patanería inversa: hay individuos connotados que, pese a su cultura, son insolentes y envarados y se comportan de forma altanera, desdeñosa y despectiva porque creen que esa actitud es un derecho correspondiente a su jerarquía y supremacía intelectual. Con frecuencia hallamos este comportamiento en personas que se ostentan lectoras. Lo que ocurre es que en nuestra sociedad, aquejada de dogmas y convicciones, y alejada de dudas y reflexiones, el estereotipo de la inteligencia es la arrogancia: individuos altivos que aseveran e imponen su saber "certificado", con petulancia e inflexibilidad; difícilmente, personas que, como el buen filósofo, se declaran ignorantes y sólo saben que no saben, sin renunciar por supuesto al deseo de saber. Lo paradójico del asunto es que los arrogantes, puesto que lo son, no muestran mucha inteligencia en su comportamiento. Como su discurso está hecho de rotundidades fundamentalistas, no abrigan dudas y, por tanto, no tienen interés en escuchar ninguna otra voz. Sólo se escuchan a sí mismos. Si después de leer libros actuamos así, difícilmente podremos convencer a los demás de que leer libros nos mejora y nos vuelve más inteligentes; porque la arrogancia es, en el fondo, una forma no inteligente de comportamiento: es contraria a la cortesía, la prudencia, la temperancia, la humildad, la tolerancia y el humor, que sí son virtudes del intelecto y del espíritu, y es equivalente, por desgracia, al envanecimiento, la insolencia, el desdén, la soberbia y el desprecio, que nada tienen que ver con la lucidez y el entendimiento.

Decir frases rimbombantes y efectistas pero equívocas sobre la lectura

- Todos los que leemos podemos decir generalidades más o menos nobles e impactantes sobre los libros y la lectura. Lo hacemos a cada rato. Pueden ser frases vacías, pero quizá un tanto estimulantes bajo el código de la superación personal. Pero, pasado este límite, lo que decimos son frases rimbombantes y efectistas aunque equívocas y tal vez hasta mentirosas. Hace poco, el Ministro de Educación de España, Ángel Gabilondo, expresó: "Si uno no lee, no vive. Lo importante no son los libros; lo importante es la lectura". El primer enunciado es efectista y suena muy bien, pero es falso. El segundo, que desea ser consecuencia del anterior, es mucho más razonable, pero no llega a entenderse del todo cómo puede desprenderse, naturalmente, del anterior. Lo cierto es que bien se puede vivir sin leer: hay muchos analfabetos y ágrafos que lo hacen y, a lo largo de la historia, comunidades completas han vivido sin libros y sin alfabeto. Ciertamente, lo importante no son los libros, sino la lectura, pero el hecho de que la lectura sea importante, e incluso muy importante (como efectivamente lo es), no nos puede llevar a concluir que los que no leen no viven. Es un exceso culturalista, muy de fanáticos y de políticos. Tan fácil que es decir que leer (libros) nos proporciona un especial goce y que puede ampliar nuestra experiencia y, con ello, intensificar nuestra vida. Pero no se oye igual. Si lo que se desea es algo estridente de tan brillante (y esto buscan los políticos en sus discursos), la frase parece gris. Menos excesiva, más sensata, es la afirmación correlativa del ministro español: "Vivir es aprender a leer, a comprender a los otros, a educarnos". Si, efectivamente, aprendemos a leer y comprendemos a los otros y nos educamos, entonces entenderemos que los analfabetos (reales y funcionales) también están vivos y nos pueden enseñar más de una lección de vida a los alfabetizados y libroadictos. Pero esto no lo dijo el ministro. Lo digo yo. En un blog, un lector español, bastante sensato, hizo el siguiente comentario a propósito de la primera frase del ministro: "A mí me gusta leer (ojalá pagaran por ello) y también escribo, pero esta afirmación es una gilipollez como una catedral. Yo puedo culturizarme viendo películas, viendo documentales, escribiendo, haciendo fotografías, yendo a exposiciones, y todo eso es vivir también". Otra lectora, no menos espabilada, añadió: "Me parece que se exagera demasiado la lectura. A mí leer sólo me hace pasar un buen rato. A lo mejor también me hace un poco más sabia, pero no todo es leer. Leer no me aparta de los problemas cotidianos, y para vivir experiencias también es bueno salir un poco". Es difícil que los políticos lleguen a decir algo así, que suena tan ciudadano, y no lo dirán nunca si ello *no es conveniente* a su imagen pública y a lo que se espera de ellos desde el punto de vista de la corrección política. Lo cierto es que, para leer, hay que hacerlo siempre despiertos, y no dejarnos llevar por la nobleza aparente de las frases. Hay que pensar mientras leemos y luego de leer, puesto que también pensamos sin necesidad de leer libros. La música de las mentiras puede ser muy seductora, pero esto no les quita su condición de mentiras. Lo único que cambia es que son mentiras con música, como el canto de las sirenas.

XV. ESCRIBIR Y LEER EN INTERNET

Al referirse a la lectura en general y a las prácticas de lectura por medio de internet, Fernando Savater ha puesto las cosas en su lugar. Escribe:

> En la actualidad hay una gran preocupación por la supuesta decadencia de la lectura, que me parece encerrar al menos dos equívocos. Primero, no es lo mismo "decadencia del libro" que "decadencia de la letra impresa": hoy, jóvenes y mayores leen más que nunca, aunque no sean papeles sino pantallas. Segundo, la ficción no está ligada al porvenir del libro ni toda la literatura ha de ser forzosamente impresa: contar a través de imágenes no es ni menos lícito ni menos "intelectual". Me parece un disparate retrógrado alejar al niño de la televisión donde está viendo una película de Spielberg para imponerle una novela de Salgari.

En este segundo punto, Saramago coincidiría, pues para él, también, la literatura no tiene que ver forzosamente con el soporte tradicional del libro. Contar historias y compartir poemas no es algo que se restrinja, o que se tenga que restringir, al papel. "El simple pensar y el simple hablar cotidiano son ya una historia", afirma el escritor portugués.

"La vida es una historia contada por un idiota, en medio de estruendo y furia, y sin ningún significado", sentenció Shakespeare* en labios de Macbeth. A lo que Saramago añade:

El idiota que cuenta historias y no se calla es nuestra propia vida, somos nosotros, porque somos los únicos seres en la tierra que pueden contarlas y escribirlas, pintarlas, ponerlas en música, construir con ellas las casas en que vivimos y los caminos por donde andamos. No tendremos, probablemente, otro destino, y si alguna vez llegamos a las estrellas, ojalá nunca hagamos en ellas nada peor que contar nuestras historias, aunque no consigamos retirar por completo de los cuentos que contemos los ruidos y la furia con que seguimos viviendo nuestras historias terrestres.

En general, los migrantes digitales (es decir, los adultos de más de 35 años, aproximadamente) ven internet y sus aplicaciones con una mirada religiosa. O las reprueban enfáticamente o cantan sus alabanzas con un muy parecido paroxismo. Pareciera que son incapaces de guardar el equilibrio.

Para el caso, el rechazo o la aceptación tienen el mismo signo del militante fanático. A unos les parece cosa maligna, peligrosísima, mientras que a los otros les parece la maravilla de las maravillas jamás revelada.

Los primeros nos recuerdan, de algún modo, a los aborígenes que temen perder su alma ante la cámara fotográfica. Los segundos se equiparan con los que se dejan llevar por el entusiasmo ingenuo ante cualquier novedad que adoptan de inmediato, y consideran mejor, nada más porque es novedosa.

Los nativos digitales, en cambio, encuentran internet como algo completamente normal, algo que siempre ha estado ahí, algo consustancial a ellos. No les parece "¡una maravilla!" (como exclaman algunos migrantes), pero tampoco entienden el miedo o el rechazo fanático de los que se muestran estentóreamente escandalizados por el hecho de que internet sustituya (y acaso prostituya) a otras tecnologías, entre ellas a la de la imprenta y los libros en papel.

Como puede ver el lector, son dos posturas diametralmente

opuestas. No deja de ser significativo que, empezando por Nicholas Negroponte*, las mayores apologías para la internet provengan de los migrantes y no de los nativos digitales (los nacidos después de 1990), pues éstos en realidad no tienen nada de qué asombrarse. ¿Por qué habrían de mostrar asombro ante lo cotidiano?

En los últimos años, he visto y escuchado a lectores inveterados del libro tradicional, cantar las maravillas de internet, porque, dicen, a través de la red se puede acceder a partituras, pinturas, fotografías, grabados, libros raros y antiguos, arte en general, música, historia, literatura, museos, etcétera. Todo esto les parece ¡un milagro!, porque ven el asunto con una extraña e inconfesada religiosidad, a diferencia de sus hijos que encuentran todo esto de lo más corriente, profano y "natural", en gran medida porque jamás se preguntan qué había ahí cuando no existía internet. De hecho, no saben qué es lo que había, si es que había algo.

Publicar se ha vuelto tan natural, a través de la red, que sólo son inéditos los que nada saben de esto; por ello, resulta obvio que escribir y leer en internet han modificado nuestros hábitos e incluso los conceptos mismos de *escribir* y *leer*.

Si persistimos en "proteger" a los niños, los adolescentes y los jóvenes de la "influencia perniciosa" de internet, para conducirlos por *la única senda correcta* de los libros en papel, estamos listos para el manicomio. No hay modo de sustraerlos de su realidad: una realidad estrechamente vinculada a esa tecnología y que ya forma parte de su existencia cotidiana.

Pero también, si en el otro extremo creemos que internet debe erigir su reino sobre las ruinas de nuestra cultura, sin tomar en cuenta que, para cultivar su sabiduría, ni Sócrates ni Platón ni Montaigne necesitaron de internet, entonces somos víctimas de otro tipo de locura: no distinguir entre lo útil del pasado y lo útil del presente; creer que todo es sustituible, aunque la rueda —que es un invento que se remonta, al menos, cinco mil años atrás, en la antigua Mesopotamia— no haya sido sustituida con nada.

Escribir y leer en papel siguen teniendo sentido de necesidad, y lo que el teclado y la pantalla han hecho es potenciar ese sentido, ampliando sus posibilidades de difusión y comunicación, pero el ser humano sigue siendo, en esencia, el mismo; sobre todo cuando debe asumir su condición de soledad, rodeado de otras soledades por todas partes. Y esto que no lo ha resuelto la filosofía y ni siquiera la religión, mucho menos lo resuelve internet, y posiblemente incluso lo agrave.

Cuando tanta gente, en el éter, habla al mismo tiempo sin parar, no hay comunicación sino bullicio en el que nada se comprende, además de poca sustancia y mucho humo. Para entender hay que guardar silencio de vez en cuando y permitirnos pausas para escuchar realmente lo que otros dicen y para que los demás escuchen lo que decimos.

Internet está llena de muchos contactos y de pocos amigos. Pero es esto lo que tenemos y, por cierto, esa realidad virtual es sólo un reflejo de nuestra realidad real: muchas relaciones superficiales, y muy pocas verdaderamente entrañables.

En esencia, y en sustancia, escritura y lectura siguen siendo, como desde tiempos inmemoriales, búsquedas de atención y comunicación, así como testimonios vitales de nuestra especie, ya sean en la piedra, la arcilla cocida, la madera, el cuero, el pergamino, el papiro, el papel de celulosa o la pantalla.

Pero pretender que el tiempo no fluya, que las cosas sean inmutables y, peor aún, que retornemos a un pasado ya cancelado para siempre, es vivir fuera de la realidad. La escritura y la lectura concilian sus soportes y sus formatos, porque a final de cuentas lo que realmente importa es lo que dicen, lo que comunican o lo que pretenden decir o comunicar. Y si un día la escritura y la lectura en papel desaparecen (lo cual se antoja muy remoto), será porque tenían que desaparecer, tal y como se extinguieron los dinosaurios y el dodo, tal y como desaparecen todos los días hábitos y personas. Ni es bueno ni es malo: *es lo que es.*

Por ello, no dejan de ser ingenuidades lo mismo la aversión que la aclamación de internet. Es tanto como aclamar o manifestar aversión por los envases; pues un envase es justamente internet, del mismo modo que son envases los libros en papel. Lo verdaderamente importante es lo que contienen y lo que hacemos o dejamos de hacer con esos contenidos: qué suscitan en nosotros y cómo procesamos, transformamos y aprovechamos ese combustible.

Al igual que la tecnología tradicional del libro en papel, internet nos ofrece infinitas posibilidades, para bien y para mal. Como afirma Giovanni Sartori*, en *Homo videns*, "todo progreso tecnológico, en el momento de su aparición, ha sido temido e incluso rechazado. Y sabemos que cualquier innovación molesta porque cambia los órdenes constituidos".

Entre la apología y el rechazo, y aun a reserva de saber si internet producirá o no un crecimiento cultural que, a decir de Sartori, es el asunto esencial que debería preocuparnos, siempre tendrá sentido elegir un camino analítico y una valoración racional. Este camino y esta valoración nos dicen que el autor de *Homo videns* no se equivocó cuando, en 1997, hizo el siguiente pronóstico: "Los chicos y chicas de hoy serán todos en el futuro *cibernautas prácticos*".

Dicho pronóstico no fue motivado por la adivinación, sino por la lógica, pues "internet, la 'red de redes', es un prodigioso instrumento multitarea: transmite imágenes, pero también texto escrito; abre al diálogo entre los usuarios que se buscan entre ellos e interactúan; y permite una profundización prácticamente ilimitada en cualquier curiosidad (es como una biblioteca universal, conectada por diferentes mecanismos)". Endiosar o aborrecer internet es un falso dilema. Lo importante es saber qué nos aporta en la experiencia cultural de escribir y leer.

Escribir y leer nos importan sólo si tienen algún significado para nosotros. Esto, que es obvio, hay personas que no lo entienden. Si escribir y leer no forman parte de nuestros dominios, nada de ello nos atañe. Por eso los analfabetos (reales y funcionales) pueden vivir, más o menos satisfechos, sin percatarse de la dimensión de su carencia.

Escribir y leer libros es algo todavía más específico y especializado. Los que los leemos llegamos a decir, con un exceso de retórica sentimental, que no podríamos vivir sin ellos, aunque no se conoce a nadie que haya muerto a causa de la carencia de libros, y sí a muchos que han fallecido por la carencia de riñones o porque no recibieron a tiempo un trasplante de corazón. Los que no los leen, generalmente ni siquiera piensan en los libros, ni llegan a imaginar que puedan ser necesarios para vivir.

Esto demuestra que, más allá de nuestros deseos y voluntarismos nobles, la realidad siempre impone su reino. No hay que olvidarlo: la realidad real es la que gobierna nuestras vidas, más allá de utopías, fantasías y realidades virtuales. Otra vez, Sartori hace una distinción ineludible: "La llamada realidad virtual es una *irrealidad* que se ha creado con la imagen y que es realidad sólo en la pantalla. Lo virtual, las simulaciones, amplían desmesuradamente las posibilidades de lo real; pero no son realidades".

Detrás de los instrumentos, las tecnologías y los usos de estos instrumentos y estas tecnologías, está siempre el ser humano, con sus fuerzas y sus debilidades, sus alegrías y sus desdichas, su gregarismo y su soledad. Y, finalmente, para decirlo con los mismos términos con los que Sartori refuta la *euforia virtualista* y cierta charlatanería digitalizadora de Nicholas Negroponte, nada es más cierto que "los ordenadores no son entidades metafísicas; son máquinas utilizadas por personas de carne y hueso".

Internet forma parte de una realidad ya irrenunciable. De nosotros depende lo que hacemos con ella. Más allá de aversiones y aclamaciones, lo fundamental es que internet contribuya a nuestra mejoría humana. Pero esto no será posible sin un concepto ético de la cultura.

Por lo demás, la escritura y la lectura, independientemente de sus formatos y sus soportes, cobran sentido si de alguna forma nos ayudan a transformarnos en una dimensión más humanística que técnica, para poder mirar el mundo con menos desesperación y con algo de sabiduría. En realidad, sin esto, la escritura y la lectura sirven para muy poco.

*SI QUIERES, LEE...

- Negroponte, Nicholas, *Ser digital*, traducción de Dorotea Placking, Atlántida-Océano, México, 1996.
- Sartori, Giovanni, *Homo videns. La sociedad teledirigida*, traducción de Ana Díaz Soler, 2ª edición, actualizada, Taurus, México, 2001.
- Shakespeare, William, *La tragedia de Macbeth*, traducción y notas de María Enriqueta González Padilla, Universidad Nacional Autónoma de México, México, 1999.

DOS COSAS QUE, RAZONABLEMENTE, PUEDEN EVITARSE

Minimizar y aun justificar la insolencia de los doctos

- Dijo bien Rousseau: "Las galas nada tienen que ver con la virtud", y a veces la misma filosofía moral nada tiene que ver con la probidad o la dignidad del filósofo. Hay quienes carecen de estas virtudes y ello no les impide moralizar a sus anchas. En el mundo de las letras, las artes y el pensamiento no son escasos los bribones, y tampoco es extraño minimizar y aun justificar las bellaquerías en nombre del bien cultural que los bribones ilustrados aportan a la sociedad. Como quiera que se le vea es una incongruencia bastante escandalosa. Es obvio que educar ética y moralmente a los pueblos resulta más difícil que ilustrarlos, conducirlos y gobernarlos. Como escribió Rousseau, es más fácil ilustrar y coaccionar a los súbditos que inducir a los ciudadanos a hacer el bien

147

porque estén realmente convencidos de que la educación y la cultura son muy poca cosa si no tienden al bien. Esto se hace patente incluso en muchos hombres cultos que suponen que ya están automáticamente disculpados de todas las insolencias o abusos que cometan por el solo hecho de ser cultos. Mas, como escribió José Antonio Marina en *El vuelo de la inteligencia,* "una persona incapaz de controlar sus impulsos *no es inteligente*". (Muchísimo antes, ya Platón afirmaba que la templanza es la virtud intelectual que nos impide ser esclavos de nuestros impulsos instintivos.) Incluso no pocos doctos suelen apreciar más el conocimiento y la erudición que la probidad y el buen comportamiento, algo que, además, ya juzga muy natural una sociedad que privilegia la apariencia: la elocuencia de los discursos bonitos por encima de las buenas acciones. Esto, por supuesto, no es culpa de los libros ni de la cultura, sino de una ilustración incompleta; de una educación donde pocas veces coinciden la estética y ética. Lo que señala Rousseau en el siglo XVIII, ya lo había advertido Montaigne en el XVI: todo el método de la educación occidental se dirige al saber pero no a la probidad; su mayor objetivo es hacer al hombre sabio antes que bueno, porque da por descontado que el saber prohíja la virtud. La crítica de Montaigne y Rousseau a la educación y a la cultura letrada se mantiene vigente porque los métodos de escolarización y lectura han insistido en atiborrar de información y conocimientos a los alumnos y a los lectores sin que les parezca fundamental humanizarlos bajo el principio de la ética. Así, un doctor universitario y un escritor de gran renombre pueden estar entre los mayores insolentes y atrabiliarios y, al mismo tiempo, pronunciar discursos y escribir libros sobre los beneficios de la educación y la cultura, y aun sobre la im-

148

portancia de la templanza y la humildad. Están muy lejos de ser sabios y muy distantes de ser buenos, pero el humo de sus cabezas se vende muy bien. Si los beneficios de la escuela y la lectura se ven como simples abstracciones, difícilmente podremos convencer a los alumnos y a los lectores que tener más conocimientos y leer más libros son cosas útiles para nuestra mejoría intelectual y espiritual.

Privilegiar el aprendizaje sin asomo de ética

• "La inteligencia tiene que saber aprender y, sobre todo, tiene que disfrutar aprendiendo", dice José Antonio Marina, con mucha inteligencia. En este sentido, aprender y disfrutar aprendiendo no son cosas que podamos hacer únicamente en los libros. La amplia realidad nos ofrece, cada día, magníficas oportunidades para disfrutar el aprendizaje más allá de las páginas de un libro. Henry Miller nos pone sobre aviso en lo fundamental de la cultura: "Sea conocimiento o sabiduría lo que se busca, conviene dirigirse a la fuente de origen. Y esa fuente no es el catedrático ni el filósofo ni el preceptor, el santo o el maestro, sino la vida misma: la experiencia directa de la vida [...] Todo lo que está en los libros, todo lo que parece terriblemente vital e importante, no es sino un ápice de aquello que le ha dado origen y que está dentro de los alcances de todos aprovechar". La idea de que *toda la inteligencia* se resuelve y se abreva en los libros es muy poco inteligente, pero es la idea de inteligencia que predomina en los círculos ilustrados. Lo cierto es que la vida nos enseña tanto o más que los libros, si la vivimos inteligentemente. Los libros debieran servirnos para comprender mejor la existencia, pues sólo comprendiendo mejor la existencia, podremos comprender mucho mejor los libros: éticamente y no sólo estéticamente o por la simple acumulación de conocimientos. Dice Marina, y dice bien, que el gran proyecto de la humanidad es alcanzar la dignidad. Pero dejar atrás la selva —y sobre todo la ley de la selva— no se puede prometer ni mucho menos garantizar únicamente con la escritura y la lectura de libros. Es imprescindible que la ética acompañe a los ejercicios de escribir y leer, pues la actividad creadora consiste en "la humanización del universo" y no nada más en la aglomeración de bibliografía. "La gran creación de la inteligencia humana es la ética", insiste el autor de *El vuelo de la inteligencia*, pues "comunicarse y entenderse no son simples operaciones intelectuales". En este sentido, la inteligencia vincula el conocimiento con los valores. Pero si somos escritores o lectores y esto nos tiene sin cuidado, entonces los libros no son otra cosa que lujosos, y acaso banales, pasatiempos.

XVI. ESCRIBIR Y LEER: DOS RELATIVIDADES

△

Para comprender *una cosa,* a veces es necesario comprender primero otras sin conexión aparente con la primera. La desconexión es, en efecto, sólo aparente, pues como dice Alain, en una buena definición de inteligencia: ésta consiste en la capacidad de poder hallar las interrelaciones entre todas las cosas y el encadenamiento de causas y efectos.

Todo está conectado. Aislar las cosas, artificialmente, sólo nos conduce a huir de la realidad, muchas veces con el único propósito de probar, a toda costa, nuestras teorías, creencias y premisas. A decir de Alain, usar la inteligencia es comenzar por desconfiar de nosotros mismos. Escribir y leer están perfectamente conectados a lo social y cultural y no dependen, *exclusivamente,* de voliciones individuales. Las vocaciones y los destinos pueden estorbarse o facilitarse según nuestros medios y nuestra realidad social, económica y política.

La *Declaración universal de los derechos humanos* establece en su primer artículo que "todos los seres humanos nacen libres e iguales en dignidad y derechos", pero esta afirmación es sólo un "deber ser" y, por tanto, más un deseo ideal que una realidad.

Desde antes de nacer, la libertad está acotada por todas partes, y es el individuo (contra el Estado, contra los convencionalismos, contra la familia, contra los usos y costumbres, contra el mercado, contra las creencias, contra las religiones, contra la

151

ideología, contra las buenas intenciones, etcétera) quien tiene que luchar por ser, *en alguna medida*, libre.

Y cuando decimos *en alguna medida* lo que estamos haciendo es relativizar y distinguir. La falsa idea de un "relativismo absoluto" en el que nada es verdad ni nada es mentira, nada es bueno ni nada es malo, nada es mejor ni nada es peor, es una caricatura producto de la muy mala prensa que tiene el relativismo entre los políticos y los religiosos.

Se puede relativizar con inteligencia y con sentido ético: allegar elementos de relación y comparación para comprender mejor una acción o un fenómeno. Tanto los acontecimientos como las personas tienen claroscuros: ni son absolutamente blancos ni absolutamente negros, pues hasta algunos de los más sanguinarios asesinos muestran, por ejemplo, remordimientos, escrúpulos (no matar niños, por ejemplo), amor filial o paternal, etcétera, y hasta los más sabios e inteligentes cometen torpezas o aberraciones. Sin embargo, lo que queda, al final, de unos y otras es lo que más pesa en el balance.

Por ejemplo: es muy fácil decir que la "identidad nacional" es una virtud, pero es más difícil probar que siempre lo sea, pues en nombre de este concepto políticamente correcto se han cometido millones de abusos y crímenes contra la libertad de los otros, porque es común que quien se identifique con algo o con alguien combata al diferente, al que no es *como él*, al que no está *con él*, al que considera su enemigo y su negación.

Decir que cualquier democracia es mejor que cualquier dictadura es verdad por principio, hasta que aparece el análisis aguafiestas y demuestra que muchos gobiernos autodenominados "democráticos" cometen también atrocidades propias de las peores dictaduras.

Decir que los intelectuales son siempre inteligentes es también otra idea absoluta. El valor relativo de sus actos y sus ideas nos prueba todos los días que hay intelectuales bastante tontos y muchos incluso muy malintencionados, lo cual resulta peor. Fernando Savater* ha escrito:

> Si la estupidez es mala en todos los estamentos humanos, entre intelectuales alcanza una gravedad especial. Suponer que todos los "intelectuales" son básicamente "inteligentes" es un error generoso, fundado quizá en la homofonía de ambas palabras. Por el contrario, el terreno de debate intelectual atrae al estúpido con particular magnetismo, le estimula hasta el frenesí, le proporciona oportunidades especialmente brillantes de ser estentóreamente dañino.

Creer ciegamente en simples abstracciones y generalizaciones no es muy inteligente. Lo inteligente es aterrizar en la realidad y no andarse con cuentos y sofismas. Hasta los profesionales más connotados pueden decir y hacer tonterías, pueden ser torpes y especialmente malintencionados. Otra vez es Savater:

> No hay que confundir a los estúpidos con los tontos, con las personas de pocas luces intelectuales: pueden también ser estúpidos, pero su escasa brillantez les quita la mayor parte del peligro. En cambio lo verdaderamente alarmante es que un premio Nobel o un destacado ingeniero pueden ser estúpidos hasta el tuétano a pesar de su competencia profesional. La estupidez es una categoría *moral*, no una calificación intelectual: se refiere por tanto a las condiciones de la acción humana.

Como bien señala el escritor sudafricano J. M. Coetzee*, bajo la lógica de la razón y de la ética, todos los puntos de vista merecen ser escuchados. En este sentido, no es lo mismo ser un intelectual, exigente consigo mismo, que critica y estimula la crítica de los fundamentos de su propio sistema de pensamiento, que uno que favorece y aun colabora con la censura y las sanciones legales

153

e institucionales hacia lo que contradice sus convicciones, esto último en gran medida porque se siente ofendido —y deshonrado en su *acreditación* intelectual— por el hecho de que los demás no compartan sus certidumbres. Carente de una racionalidad escéptica, se toma tan equívocamente en serio que no siente ningún respeto por lo que piensan los demás, y se indigna, al grado de ofuscarse, aun cuando se le refute con respeto. Para este tipo de intelectual, *el otro* no es un dialogante sino un adversario por el que siente irritación y ganas de eliminarlo.

Generalmente, el que se irrita, piensa Coetzee, "tiene una posición de debate débil", a diferencia del pensador escéptico, incluso de sí mismo (sin que esto quiera decir que no cree en nada), que "está dispuesto a respetar e incluso defender que otras personas se ofendan, de modo muy parecido a como puede respetar la negativa de alguien a comer carne de cerdo, aunque personalmente considere que el tabú es fruto de la ignorancia y la superstición". A esto se le llama tolerancia y relatividad de las ideas.

Una de las mejores y mayores lecciones, en cuanto a la relatividad de nuestras certidumbres y la tolerancia de las ideas, nos la ofrece Karl Popper*, cuando afirma para sí:

> Debo enseñarme a mí mismo a desconfiar de ese peligroso sentimiento o convencimiento intuitivo de que soy yo quien tiene razón. Debo desconfiar de este sentimiento por poderoso que pueda ser. De hecho, cuanto más poderoso sea, más debo recelar de él, porque cuanto más poderoso sea, mayor será el peligro de que pueda engañarme a mí mismo; y, con ello, el peligro de que pueda convertirme en un fanático intolerante.

Para comprender hay que distinguir: ir de las generalidades teóricas a las especificidades reales. Por ejemplo, todos podemos decir que comemos lo que es bueno, pero ¿lo bueno para comer es bueno para todos? En 1985, Marvin Harris* publicó un fascinante libro, *Bueno para comer*, que muestra precisamente la relatividad de la alimentación humana en términos de cultura. Lo que es bueno para unos no es bueno para otros.

Así, "si los hindúes de la India detestan la carne de vacuno, los judíos y los musulmanes aborrecen la de cerdo y los estadunidenses apenas pueden reprimir una arcada con sólo pensar en un estofado de perro, podemos estar seguros de que en la definición de lo que es apto para consumo interviene algo más que la pura fisiología de la digestión. Ese *algo más* son las tradiciones gastronómicas de cada pueblo, su cultura alimentaria".

Ese *algo más* incluye también tabúes y gustos desconcertantes, evitaciones y preferencias enigmáticas, prácticas arbitrarias y aversiones, más allá incluso del valor nutricional de lo que se come. "Como antropólogo —explica Harris—, también suscribo el relativismo cultural en materia de gustos culinarios: no se debe ridiculizar ni condenar los hábitos alimentarios de los seres humanos por el mero hecho de ser diferentes."

Harris demuestra que hay preferencias y evitaciones que dan pie a que unos consideren prácticas irracionales, nocivas y repugnantes lo que otros encuentran muy inteligentes, benéficas y exquisitas. Por ejemplo, comer ratas, perros, gatos, lombrices, arañas, gusanos y cucarachas.

Aceptar esto no es abdicar a la verdad, como dirían algunos dogmáticos y fundamentalistas que se sienten y *se saben* superiores en la escala humana porque comen pollos y cerdos y no perros e insectos; aceptar esto es admitir que incluso la Verdad tiene niveles de verdad dentro de la relatividad de las costumbres culturales. Gandhi, como bien lo documenta Harris, debía su popularidad y reputación de santidad entre la población hindú al hecho de que "era un defensor acérrimo de la doctrina hindú de la protección de la vaca". Él mismo afirmó: "El hinduismo vivirá mientras queden hindúes para proteger a las vacas". Más allá de abstracciones teóricas, la realidad es la que manda.

En el caso de la escritura y la lectura, decir que escribir y leer libros es imprescindible para vivir y para poder se felices, es una afirmación absolutista que es insostenible en la realidad. Sólo que a los que escribimos y leemos nos cuesta mucho trabajo admitirlo, porque en ello nos va la vida... y la profesión.

Queremos que todo el mundo lea y escriba, pero no a todo el mundo le interesa leer y escribir. Como tenemos un espíritu utópico este fracaso nos irrita. Cuando vemos que no todas las personas son usuarias convencidas de la cultura escrita y, especialmente, de la cultura del libro, argumentamos que algo anda muy mal en sus cabezas. Sin embargo, es probable que en las cabezas de las personas a las que no les gusta leer ni escribir, bulla un universo extraordinario de imaginación e inteligencia bien dispuesto para la música, la pintura, el futbol, la danza, la actuación, la cocina, la doma de caballos salvajes, el tiro con arco, la equitación, la natación, la carpintería, la jardinería o cualquier otra cosa que les satisfaga sin hacer daño a los demás.

Esto último (*hacer lo que les satisfaga, sin causar daño a los demás*), ¿es un elemento para que los disculpemos de no leer? No; no lo es. La mayoría de los proselitistas del libro sigue pensando que los que no tienen gran afición por la lectura son seres incompletos, inútiles y quizá hasta nocivos para los demás, dado que su ejemplo puede estar obstaculizando su libresca labor proselitista.

A estos proselitistas no se les ocurre pensar que quienes escribimos y leemos (con gran beneficio y disfrute), nos perdemos también de muchas cosas (algunas muy buenas, seguramente) que los no lectores dominan y gozan al grado de alcanzar la plenitud. Leemos libros, pero quizá como bailarines somos un desastre, o sencillamente no nos agrada bailar. Escribimos libros, pero probablemente somos unos ineptos para la música. ¿Se nos ha ocurrido pensar acaso que, quizá, una buena cantidad de personas disfruta otras cosas (que por cierto nosotros detestamos o despreciamos) mucho más que los libros? No; no se nos ocurre algo así, porque

156

se nos aparece el fantasma del relativismo y ello nos espanta. Persistimos entonces en nuestra certidumbre absoluta.

Pero escribir y leer son dos relatividades, al igual que otras muchas. Componer o escuchar música puede ser tan bueno y gozoso como escribir o leer libros. Si la música y los libros se juntan, el placer quizá se potencie, pero sólo un absolutista libresco puede afirmar que únicamente escribiendo o leyendo libros se adquiere placer y cultura. Cada vez que alguien dice esto, Montaigne sonríe burlonamente, y William Hazlitt* piensa para sí: "Difícilmente se encontrará a nadie con menos ideas en la cabeza que los que no son otra cosa que autores o lectores".

¿Es *mejor* leer libros que ver cine o escuchar música? Por supuesto que no; porque las artes y los placeres no son intercambiables, sino complementarios, aunque admitan vivirse también del modo más apasionante y excluyente, sin que esto hunda en la idiotez a quienes casi no leen libros pero disfrutan con ardor la música o el cine.

Como afirma Voltaire*, "es ridículo pensar que una nación ilustrada es menos feliz que una nación ignorante", pero de esta afirmación no se puede sacar como corolario que la felicidad depende, *de manera absoluta*, de nuestra ilustración. Muchas personas cultivadas son infelices, lo mismo que muchas ignorantes, y hay déspotas cultivados que el único ejemplo que pueden dar es el mal ejemplo que, con frecuencia, lleva a las personas a concluir, *sin relatividades*, que si eso es producto de la cultura más vale no tenerla. La cultura sin la cordialidad, sin la gentileza y sin el buen sentido del humor puede resultar una necedad y una monserga.

Usar el relativismo no quiere decir que todo sea absolutamente subjetivo y que se carezca de una posición. Este libro asume una posición: está en contra del imperio de los dogmáticos y a favor del examen racional y real de las cosas. Examinar las cosas con sentido ético y con inteligencia es un excelente antídoto contra el fundamentalismo de cualquier especie. "Hay gustos que merecen palos", escribió un autor convencidísimo de que sólo los suyos eran buenos y que, si por él fuera, apalearía a quienes los tuvieran diferentes.

Tomar partido es no ser neutral. ¿En qué creen los que no creen? Creo que los que no creen, creen que no creen en nada. Casi todos tomamos partido, pero es recomendable hacerlo con inteligencia y sensibilidad, incluso contra nosotros mismos. Discernir y distinguir son virtudes si nos llevan a comprender mejor. Si hemos de elegir y resolver un dilema, adoptemos una actitud inteligente y ética. Si somos incapaces de comprender que no a todo el mundo le fascinan nuestros gustos e inclinaciones, no comprenderemos jamás por qué escribir y leer son dos relatividades que no podemos imponer a palos.

*Si quieres, lee...

- Coetzee, J. M., *Contra la censura. Ensayos sobre la pasión por silenciar*, traducción de Ricard Martínez i Muntada, Debate, México, 2007.
- Harris, Marvin, *Bueno para comer: Enigmas de alimentación y cultura*, traducción de Joaquín Calvo Basarán y Gonzalo Gil Catalina, Alianza-Consejo Nacional para la Cultura y las Artes, México, 1991.
- Hazlitt, William, "De la ignorancia de los doctos", en *Ensayistas ingleses*, selección de Ricardo Baeza, traducción de Ricardo Baeza y B. R. Hopenhaym, estudio preliminar de Adolfo Bioy Casares, Consejo Nacional para la Cultura y las Artes, México, 1992.
- Popper, Karl, "Tolerancia y responsabilidad intelectual", en *Sociedad abierta, universo abierto*, Susan Mendus y David Edwards, editores, traducción de Ángeles Jiménez Perona, Tecnos, Madrid, 1996.
- Savater, Fernando, *Diccionario filosófico*, Planeta, México, 1996.
- ——, *El valor de educar*, Ariel, Barcelona, 1997.
- ——, *Mira por dónde: Autobiografía razonada*, Taurus, México, 2003.
- Voltaire, *El filósofo ignorante*, traducción y notas de Mauro Armiño, prólogo de Fernando Savater, Fórcola, Madrid, 2010.

Dos cosas que, razonablemente, pueden evitarse

Pensar que sólo los grandes autores tienen derecho a pensar

- Hay cosas de la realidad que no podemos cambiar en un santiamén, y que a lo mejor nunca podremos cambiar por mucho que nos esforcemos y por muy buenos deseos que tengamos. Saberlo no debería llevarnos al abatimiento ni conducirnos a la desdicha permanente. Saber nuestras limitaciones frente a la realidad es un acto inteligente, y en esa medida podemos orientar nuestros esfuerzos. Montaigne nos mostró que nuestra vida es en parte locura y en parte prudencia y que, aunque él amaba los libros y tenía una gran biblioteca, se sentía en la obligación de decirnos que no todo está en los libros y en la escritura; que hay que salir de ellos, con cierta frecuencia, para no perder los nexos con la realidad cotidiana, pues quien sólo se dedica al estudio, pierde más de media vida en ello, sin enterarse realmente qué ocurre a su alrededor. Escribir y leer son placeres maravillosos y pueden constituir oficios extraordinarios, pero no todo es escribir y leer, del mismo modo que no todo es coser y cantar. En medio de la diversidad de intereses hay personas que son aptas para ciertas cosas pero quizá muy ineptas para hacer buenas migas con los libros. Para Montaigne, todos somos ineptos en algo y, a veces, en muchas cosas, y los libros no curan necesariamente esta ineptitud sobre todo cuando creemos que la sabiduría consiste en acumular lecturas. A decir de Alain de Botton, "Montaigne no se compadece de sí mismo. Antes bien, recurre a la crítica de obras contemporáneas más ambiciosas como síntoma de la perniciosa tendencia a pensar que la verdad ha de morar siempre lejos de nosotros, en otros parajes, en

159

una vieja biblioteca, en los libros de personas que vivieron hace mucho tiempo. La cuestión estriba en saber si el acceso a lo genuinamente valioso está reservado a un puñado de genios nacidos entre la construcción del Partenón y el saqueo de Roma o si, como osaba sugerir Montaigne, tampoco nos está vedado a ti o a mí". La lección de Montaigne consiste en animarnos a pensar por nosotros mismos, independientemente del prestigio de un autor que a veces nos paraliza y no nos deja más opción que rendirle tributo a su autoridad y a su imperio intelectual. Lo que Montaigne nos dice es que probemos a usar nuestro cerebro y nuestro espíritu más allá de los libros y de las autoridades intelectuales. Tal es el principio de la filosofía y de la creación artística.

Creer que la pasión libresca es superior a otras pasiones

• Eugenio Trías, el filósofo español autor de *La filosofía y su sombra*, comienza del siguiente modo el primer capítulo de sus memorias, *El árbol de la vida*: "Ignoro si yo elegí la filosofía o la filosofía me eligió a mí. En esa vocación o profesión me suelen reconocer los demás; y yo mismo he terminado por aceptar ese veredicto público. ¿Destino bueno o aciago? ¿Favor o jugarreta perpetrada por la fortuna? De haber dispuesto de mayor fuerza física, o de una consistencia corporal mayor, quizá hubiese optado por una profesión más activa, menos sedentaria, más pública. Pero uno tiene el cuerpo que tiene, y el alma y el espíritu que se merece". Ésta es, a mi juicio, una de las páginas autobiográficas más hermosas y más sinceras, que además tiene el mérito de plantear como problema filosófico la vocación o el destino. ¿Lo que uno es, o va a ser, es "resultado de una libre decisión razonada, o conjunción de una suma de azares encadenados unidos a ciertas disposiciones personales?" Ni el filósofo mismo lo sabe con precisión, pues refiere que tardó en comprender que su vida estaba marcada por el singular oficio de raíz socrática y platónica. Pero todo nació de tres pasiones: la pasión de preguntarse, la pasión cinematográfica y la pasión musical. Las tres pueden llevar a los libros, como de hecho ocurrió con Trías ("he vivido rodeado de libros"), pero las pasiones no tienen que ser siempre bibliográficas ni éstas son superiores, o mejores, a las otras. Hay músicos y cineastas que leen pocos libros, y aunque generalmente los filósofos leen con muy buen apetito, lo importante no es que lean únicamente, sino que filosofen, y que vivan intensamente también, para poder filosofar. *Primum vivere, deinde philosophari*: Primero vivir, después filosofar; primero vivir, después leer. "Mi actitud ante la lectura —explica Trías— ha sido siempre activa y productiva. Leo con el fin de fecundar mis disposiciones para la reflexión escrita. Durante muchos años poblaba los márgenes de mis libros de toda suerte de indicaciones: preguntas, respuestas, conjeturas, expresión de acuerdo o desacuerdo, signos de aprobación o de enérgica reprobación". He ahí una pasión de leer para alimentar la pasión de pensar. Pero, como afirma Trías, nadie puede explicarse del todo su vocación o su destino; esa vocación o ese destino que lo mismo nos puede llevar a los libros que a otros ámbitos maravillosos, tan buenos y placenteros como los libros.

XVII. LA LECTURA Y SUS CONSECUENCIAS

△

Tenemos la proclividad a creer que las malas personas y las malas acciones están fuera del ámbito cultural, al margen de los que piensan y crean obras del espíritu, es decir en la periferia de la Gran Cultura, en el territorio de la "barbarie".

Nos resistimos a admitir que las malas personas y las acciones equívocas están en cualquier parte (en la fábrica o en la universidad, entre obreros o entre académicos, lo mismo entre obreros de la construcción que entre escritores, igual entre analfabetos que entre lectores), sin que tengamos por supuesto que hacer de esto una generalización siempre injusta. Esto nos sucede porque estamos convencidos de que la lectura (y, en general, la cultura) tiene consecuencias positivas. Si partimos de cierta lógica edificante tendría que ser así, pero habría que estar atentos y no dar todo por hecho.

En lo personal, me cuesta mucho imaginar que André Comte-Sponville*, el filósofo cordial y abierto al pensamiento —el autor de *Impromptus, Pequeño tratado de las grandes virtudes, La felicidad, desesperadamente, La vida humana,* e *Invitación a la filosofía,* entre otros libros llenos de razón y ética—, sea un hombre mezquino, egoísta, hostil, rufianesco, etcétera. Sería una dura y durable decepción luego de encontrar a otra persona muy distinta en sus libros. Sobre todo, por una razón: si fuese realmente lo contrario de lo que refleja en sus libros, Comte-Sponville sería el mejor promotor para no creer ni en la filosofía ni en la lectura.

163

Ser uno en los libros y otro muy diferente y contrario en la vida diaria es la mayor contradicción que podemos hallar en la cultura. Y no es que se pretenda que todo escritor sea un santo o un ángel de bondad, pero tampoco puede ser lo contrario de lo que dice ser.

Un escritor argentino me dice que su compatriota Ernesto Sabato* es "una muy mala persona". Me lo define como incongruente. Le parece detestable: alguien que se finge humilde y es autocomplaciente, autoindulgente, autosatisfecho, arrogante y vanidoso. Y yo, que leo con confianza y admiración a Sabato, pienso que sería decepcionante que este escritor fuera, en esencia, incongruente, porque entonces todas sus brillantes reflexiones sobre la humanidad y el humanismo serían pura cháchara sin ningún sustento vital.

Con esta inquietud, reparo especialmente en un párrafo de *España en los diarios de mi vejez*. Ahí Sabato se autocalifica: "Después de una breve pero ardua lucha con mi carácter molesto, nervioso, intolerante, rescaté mi lado observador y me dispuse a gozar." ¿A esto se refería el escritor que me dijo que Sabato es muy mala persona: a su carácter molesto, nervioso e intolerante? No me parece del todo decisivo pero tampoco irrelevante. Si es así, no me gustaría estar junto a él. Más aún cuando, páginas adelante, casi a modo de justificación, expresa que tiene que escribir algo sobre el carácter de los artistas. Confiesa: "He sido siempre de un carácter terrible, violento, propenso al enojo, a la furia".

Lo que más me inquieta es que Sabato crea que los artistas, por el hecho de serlo, tengan derecho a una especie de paradigmático mal carácter o que, por lo menos, merezcan una especial disculpa por dicha forma de ser. No es muy inteligente de su parte. Pensar en el artista (y en el lector y en el escritor) como un "Déspota Cultivado" que tiene derecho a ser desconsiderado, intemperante, intransigente o, por lo menos, rudo y descortés, por el hecho de ser artista y beneficiarnos, resulta contradictoriamente

164

grotesco y no revela un uso muy especial de la sensibilidad y la inteligencia.

Todavía confío, sin embargo, en que la descripción que hace Sabato de su propia persona sea exagerada y, también, en que el juicio adverso de su compatriota sea una valoración apresurada producto de algún resentimiento. Pero si no...

Pero si no es así, hay que andarse con tiento. Si la ética no es ética, y si aun las personas inteligentes y sensibles creen que por el hecho de ser artistas pueden comportarse como patanes, entonces nada tiene sentido. ¿Cómo podría ser Sabato intolerante en su vida cotidiana y llamar todo el tiempo a la tolerancia en sus libros? ¿Por qué es tan gentil en su escritura, mientras que en su vida cotidiana lo tienen que padecer, y él mismo padecerse, por su carácter molesto, terrible, violento, furioso, según sus propios adjetivos? Vaya dilemas.

Otra persona me aconseja no sorprenderme demasiado por esto, pues me dice que Naomi Klein*, la autora de *No logo* y *Vallas y ventanas,* así como de otros libros discutidores, muy razonables y lúcidos, exige en sus viajes ir acompañada de su peinadora. Me asombra tal rasgo de frívola vanidad, y todavía lo pongo en duda, pues Klein, periodista e investigadora del movimiento antiglobalización se muestra muy progresista y muy crítica racional. ¿Cómo podríamos conciliar esto con el peine especializado en su cabeza? ¿Podríamos imaginarnos a Sartre* o a Simone de Beauvoir con semejante preocupación? Y yo que creía que lo mejor de la cabeza de Klein estaba dentro y no afuera. Si lo que me dicen es verdad, mil veces es preferible la charla con Naomi Campbell que con Naomi Klein.

Pensar tiene sus consecuencias, y no podemos ir por el mundo ignorándolas o fingiendo que las ignoramos. Así, ¿qué es lo que puede esperarse, congruentemente, de alguien que se reputa como buen lector? Antes que nada, dignidad moral y sentido autocrítico para advertir y corregir sus peores ambigüedades. De otro modo, leer libros no le ha servido de mucho, y ante tal evidencia tendríamos que sentirnos no sólo engañados por la inteligencia y la sensibilidad que los autores nos entregan en sus libros, sino también, y sobre todo, sentir que mentimos cuando afirmamos que leer no sólo agudiza nuestro espíritu crítico, sino que también contribuye a hacernos mejores personas: más sensatas, más cordiales, menos vanidosas, menos malhumoradas, menos intolerantes, menos egoístas, menos estúpidas, etcétera.

Séneca le pregunta, perspicazmente, a Lucilio: "¿De qué me sirve saber dividir en partes un campo, si no sé compartirlo con mi hermano?". Y él mismo se responde que el saber sirve de muy poco si no va acompañado de la sabiduría y de la ética. Ser erudito en algo, pero permanecer insensible a la necesidad o al dolor de los demás, no es cosa por la que tengamos que estar orgullosos. Hace falta sin duda una ética de la cultura y el intelecto y, muy especialmente, una ética de la lectura.

Si leer, y leer bien, muy bien incluso, es tan sólo un dominio técnico sin consecuencias éticas, entonces no tiene mucho caso fatigarnos en voluntarismos para aumentar el número de lectores. Si el saber no nos sirve para aprender sobre nosotros mismos, algo anda mal en nuestra idea del saber.

Miguel de Unamuno*, en su *Diario íntimo*, lamenta que los lectores sólo busquen en los libros un "saber bibliográfico", una erudición sin consecuencias espirituales, y exclama, alarmado: "¡El libro por el libro!". Muestra su desaliento por lo que denomina la "atroz bibliomanía", es decir el intelectualismo sin otro propósito que satisfacer la curiosidad bibliográfica, o bien "el literatismo y el esteticismo del arte por el arte" o del simple hábito libresco que sólo lleva al lector hacia más libros pero no necesariamente hacia una mayor y mejor conciencia de sí y de los demás.

Al filósofo y escritor español todo esto le parece terrible porque resulta una evasión de la profundidad de la lectura, quedándose tan sólo en la superficie de un saber sin alma. Aun si in-

166

voca la belleza, este tipo de entretenimiento es estéril, pues, para Unamuno, "belleza cuya contemplación no nos hace mejores no es tal belleza". Otra vez, el sabio llega a la conclusión de que el hábito libresco tiene que ir más allá de la erudición y del dominio técnico, para que adoptarlo valga la pena.

Erich Fromm* ya nos avisaba de este peligro desde hace casi medio siglo. Escribió:

> El corazón del hombre puede endurecerse; puede hacerse inhumano, pero nunca deja de ser humano. Siempre sigue siendo un corazón de hombre, pues todos estamos determinados por el hecho de que hemos nacido humanos y, en consecuencia, por la tarea interminable de tener que elegir constantemente. Tenemos que elegir los medios juntamente con los fines [...] En realidad, debemos de adquirir conocimiento para elegir el bien, pero ningún conocimiento nos ayudará si hemos perdido la capacidad de conmovernos con la desgracia de otro ser humano, con la mirada amistosa de otra persona, con el canto de un pájaro, con el verdor del césped. Si el hombre se hace indiferente a la vida, no hay ya ninguna esperanza de que pueda elegir el bien.

Si la incongruencia nos avasalla hasta negar, en su esencia misma, lo que decimos ser o lo que creemos que somos, no hay cultura que nos salve de la barbarie o de la tontería. Un erudito que anda volando por las nubes angelicales del pensamiento abstracto y el arte puro, pero que no sabe dónde tiene los pies, no deja de ser ridículo. Familiarizarse con las constelaciones y los astros no tiene por qué apartarnos de la realidad terrena.

Esto es, de algún modo, lo que le reprochaban a Tales de Mileto, en el siglo VI antes de Cristo, cuando, por descuido, cayó en una zanja mientras miraba el cielo estrellado y disertaba con autoridad acerca del firmamento: "¿Cómo puedes pretender sa-

167

berlo todo de los cielos, cuando ni siquiera eres capaz de ver lo que hay justo debajo de tus pies?".

El insano y el soñador, decía Fromm, "carecen completamente de una visión objetiva del mundo exterior". Creen que únicamente lo que ellos creen debe regir la realidad. No entienden por qué los demás "no entienden". Hay un enorme narcisismo en la fe que tienen de sí mismos, como modelos virtuosos a seguir. No les interesan en absoluto los diferentes; los quieren iguales... a sí mismos.

Si luego de leer libros maravillosamente inteligentes y de escribir libros esplendorosamente lúcidos —donde el espíritu crítico resplandece y en cuyas páginas se transparenta la sabia inteligencia emotiva y la no menos sabia emoción racional—, resulta al final que nuestro carácter es molesto, nervioso, intolerante, violento y falto de consideración hacia los demás, o nos interesa más nuestro cabello que nuestra cabeza, entonces...

Entonces nada.

*SI QUIERES, LEE...

- Compte-Sponville, André, *Pequeño tratado de las grandes virtudes*, traducción de Pierre Jacomet, Editorial Andrés Bello, Santiago de Chile, 1996.
- ——, *Impromptus*, traducción de Óscar Luis Molina S., Editorial Andrés Bello, Santiago de Chile, 1999.
- ——, *Invitación a la filosofía*, traducción de Vicente Gómez Ibáñez, Paidós, Barcelona, 2002.
- ——, *La felicidad, desesperadamente*, traducción de Enrique Folch González, Paidós, Barcelona, 2005.
- Fromm, Erich, *El corazón del hombre*, traducción de Florentino M. Torner, Fondo de Cultura Económica, México, 1982.
- Klein, Naomi, *No Logo: El poder de las marcas*, traducción de Alejandro Jockl, Paidós, Barcelona, 2001.

- ——, *Vallas y ventanas*, traducción de Ramón González, Paidós, Barcelona, 2002.
- Sabato, Ernesto, *La resistencia*, Seix Barral, Barcelona, 2000.
- ——, *Apologías y rechazos*, Seix Barral, Buenos Aires, 2003.
- ——, *España en los diarios de mi vejez*, Seix Barral, Buenos Aires, 2004.
- Sartre, Jean-Paul, *Las palabras*, traducción de Manuel Lamana, Losada, Madrid, 2002.
- Unamuno, Miguel de, *Diario íntimo*, Ediciones Folio, Barcelona, 2007.

Dos cosas que, razonablemente, pueden evitarse

Despreciar la capacidad de lectura de las personas que no son "cultas"

- Muchas personas leen libros que no forman parte del canon cultural o bien publicaciones de entretenimiento trivial. No leen con el propósito de ser cultas; leen para pasar el tiempo, para divertirse, para recrearse y distraerse. Cuando desdeñamos lo que leen, en vez de crearles un interés por lo que nosotros leemos, generamos un conflicto que difícilmente las conducirá a cambiar sus gustos o modificar sus hábitos, sino todo lo contrario. Mientras más desdén mostremos por esas lecturas, más se opondrán a nuestras recomendaciones. Pensemos que una persona que lee cómic puede perfectamente llegar a leer a Shakespeare, como ha ocurrido con nosotros mismos. Nuestra ventaja, en relación con ellos, es que nosotros no tuvimos que padecer a personas como nosotros (arrogantes, despectivas, soberbias) incordiándonos y despreciándonos porque leíamos *Memín*, *El Pato Donald* o *Archie*. A lo mejor, de haber sido así, otra sería nuestra historia y muy otro nuestro destino. Hay que reivindicar

169

lo mejor de la razón y lo mejor del espíritu. La condición humana no se reduce a simplificaciones letradas. Comprender puede ser un principio para vivir un mundo más humano. El desdén que mostramos hacia los demás —y que, por lo general, lo hacemos notar con gestos, actitudes y expresiones denigrantes— no propiciará lectores, por más que lo deseemos. Para formar lectores o, siquiera, compartir el gusto de leer, es necesaria, y yo diría que imprescindible, una ética de la lectura. En su espléndido libro *Los siete saberes necesarios para la educación del futuro*, Edgar Morin explica que la ética de la comprensión es un arte de vivir que nos pide, en primer lugar, comprender de manera desinteresada. Y enfatiza: "Pide un gran esfuerzo ya que no puede esperar ninguna reciprocidad: aquel que está amenazado de muerte por un fanático comprende por qué el fanático quiere matarlo, sabiendo que éste no lo comprenderá jamás. Comprender al fanático que es incapaz de comprendernos, es comprender las raíces, las formas y las manifestaciones del fanatismo humano. Es comprender por qué y cómo se odia y se desprecia. La ética de la comprensión nos pide comprender la incomprensión". No podemos esperar que los demás se sientan comprendidos si los despreciamos, y por ello mismo es una ingenuidad esperar que esas personas a las que despreciamos se sumen a nuestras aficiones y compartan nuestros gustos. Muchos grandes lectores empezaron leyendo eso mismo que, en algún momento, juzgamos despreciable por simple y superficial.

Mofarse, agredir verbalmente, vilipendiar a los no lectores

- ¿Ganamos algo con esto? ¿Quiénes nos creemos que somos para arrogarnos el derecho de agraviar, ultrajar y humillar a los que no son como nosotros? ¿El insulto, la burla, la ofensa conseguirán que los ofendidos se tornen lectores? ¿Y dónde quedó nuestra ganancia de leer si no somos ni más sensatos ni más tolerantes con el prójimo? En realidad, cuando hacemos esto cometemos un gran y monstruoso abuso. Somos abusivos e innobles desde el momento mismo en que decimos: "¡Pinche analfabeto!", "¡Animal!", "¡Pinche burro!", "¡Es un pendejo que no lee nada!" ¿Y nosotros qué somos entonces: acaso pinches cultos sabihondos y pendejos que sí leemos? Si algo puede enseñarnos la letra escrita (de lo que además decimos que estamos convencidos y muy orgullosos) es a usar un poco mejor la cabeza. Si de ello no hay evidencia en nuestra persona, entonces no hay ninguna ventaja en ser lector en relación con los que no leen. Edgar Morin tiene razón: "La ética de la comprensión pide argumentar y refutar en vez de excomulgar y anatematizar. Si sabemos comprender antes que condenar, estaremos en vías de la humanización de las relaciones humanas". Para lograr esto es necesario que sometamos nuestros juicios y creencias, nuestras convicciones cultas y nuestra fe en el saber letrado, a una práctica periódica de autoexamen crítico: dudar de nosotros mismos y de nuestros juicios concluyentes y, con ello, combatir en la medida de lo posible nuestro ubicuo egocentrismo y nuestra proclividad a creer que siempre nos asiste la razón. Cuando sólo nosotros somos los "buenos", y todos los que no son como nosotros los "malos", algo está funcionando mal en nuestros procesos cognitivos, pero también en nuestro espíritu, en nuestra sensibilidad. No se trata de la imposibilidad de diferenciar (siempre será posible distinguir entre la profundidad cultural del *Quijote* y la superficialidad y banalidad de una revista de espectáculos), sino de la necesidad de respetar la individualidad del otro, aunque no estemos de acuerdo con sus gustos. Como piensa Morin, la comprensión hacia los demás necesita la conciencia de la complejidad humana. Muchos seres humanos son lo que son, aunque ello no nos guste, a consecuencia de experiencias, ambientes, circunstancias, carencias y fragilidades que no estamos tomando en cuenta cuando los injuriamos. Pero, al final, lo más importante de todo: por más que leamos libros extraordinarios de autores geniales, no estamos siendo muy inteligentes ni muy espirituales cuando concluimos que los demás son imbéciles, indignos de cualquier comprensión, porque no comparten los mismos gustos que nosotros. Es recomendable tener mucho cuidado con esto, pues así se incuba el pensamiento fascista, aun en las personas más cultas y, presuntamente, más inteligentes. "La verdadera tolerancia —dice Morin— no es indiferente a la ideas o escepticismos generalizados; ésta supone una convicción, una fe, una elección ética y al mismo tiempo la aceptación de la expresión de las ideas, convicciones, elecciones contrarias a las nuestras." Tal es el respeto que debemos a los demás, aunque no estemos de acuerdo con ellos. Sin olvidar, por supuesto que, como acota Morin, "la tolerancia vale, claro está, para las ideas, no para los insultos, agresiones o actos homicidas".

EPÍLOGO
△

Ya hemos leído. Ya hemos leído mucho, con alegría y con felicidad. Hay que salir del libro. Cerremos el libro o apaguemos la pantalla y volvamos a la soledad real. No a la soledad que nos da el libro, sino a nuestra propia soledad.

¿Nos ha mejorado la lectura? ¿Nos ha dado mayores posibilidades de comunicación y de tolerancia con nuestros congéneres? ¿Para qué nos ha servido leer? ¿Creemos de veras que somos superiores a los demás porque leemos libros o, de plano los leemos precisamente para sentirnos superiores?

De vez en cuando es importante formularnos estas preguntas y otras más para no caer en autoindulgencias y autocomplacencias ni andar por el mundo autosatisfechos como si los demás no nos merecieran porque antes que nada nosotros somos lectores frente a muchos que no lo son.

Los que escriben y leen, ¿son mejores y mejoran siempre a quienes tienen a su alrededor? Los que creemos en los poderes de la cultura escrita, así lo deseamos siempre. Pero no hay que engañarnos. Son abundantes los testimonios sobre grandes escritores y lectores (novelistas, poetas, filósofos, etcétera), que arruinaron su vida y, de paso, echaron a perder las de sus seres más cercanos; sin que esto —hay que aclararlo—, constituya ninguna acusación contra la cultura escrita. Lo que no se vale es ignorarlo.

Simon Critchley nos recuerda, por ejemplo, lo que Ray Monk, el biógrafo de Bertrand Russell, escribió como colofón so-

173

bre la existencia del autor de *La conquista de la felicidad*: "Al morir, Russell dejó dos ex esposas enemistadas, un hijo esquizofrénico y distante y tres nietas que se sentían atormentadas por los 'fantasmas de maniacos', tal y como había descrito Russell a su familia en 1983". La tragedia de la incongruencia se torna aquí monstruosa para quien, al darnos consejos para encontrar la felicidad, nos dijo: "Mejor es no hacer nada que hacer daño". ¿Y no fue acaso el gran Rousseau, el filósofo de la pedagogía gentil, quien abandonó a sus hijos en orfanatos? ¿Y no un par de hijos de Karl Marx murieron, literalmente, de inanición, mientras él se enfrascaba en la escritura de sus obras, en medio de un ambiente de miseria familiar?

Ser lector no es una diferencia racial. Ser lector de libros y de textos (ya sea impresos o en pantalla) es una elección, una vocación y acaso un destino que asumimos con gozo, con interés, y a veces casi con exclusividad, porque tenemos disposición y facilidad para ello; esa disposición y esa facilidad que no todos tienen con los libros, porque en la diversidad de intereses y vocaciones hay quienes se inclinan hacia otros satisfactores, además de estar condicionados por otras realidades.

Por lo demás, aun si somos lectores empedernidos, es razonable sacar de vez en cuando la nariz de entre las páginas. El mundo es mucho más rico que los libros, y los libros hablan del mundo, es decir de nosotros: los que hacemos el mundo. Creer que todo está en los libros es una deformación profesional de quienes nos dedicamos con afán a la escritura o a la lectura. El músico y, en general, el amante de la música pueden llegar a creer que todo está en la música, como lo llegan a creer los pintores respecto de la pintura y como lo pueden creer los escultores respecto de su arte. Lo cierto es que las cosas que amamos nos parecen *una totalidad* porque nos sacian, pero sólo lo son para nosotros y no necesariamente para los demás.

Nietzsche afirma, con gran lucidez, que "por el hecho de hacer algo, abandonamos algo". Siempre es así. No podemos ha-

174

cerlo todo, ni todo nos interesa, por más que nada humano nos sea ajeno. Esto no lo han querido entender, durante siglos, quienes se obstinan en la falacia de que todo es posible para todos y nada es inalcanzable para nadie. Nietzsche protesta del siguiente modo:

> Estoy abiertamente en contra de aquellas morales que me impelen a hacer algo y a repetirlo de la mañana a la tarde y soñar con ello por la noche, sin pensar más que en hacer *bien* esto, tan bien que *sólo yo* sea capaz de hacerlo. A quien vive de ese modo le abandonan continuamente una cosa tras otra, cuantas no corresponden a una vida de ese estilo. Un día tras otro ve cómo hoy esto, mañana aquello se aparta de él sin odio ni repugnancia, lo mismo que las hojas amarillentas a las que un vientecillo hace caer del árbol. O tal vez no advierte en absoluto este desprendimiento, si su mirada está fija con tanto rigor en la meta y hacia adelante en general, que no ve nada a los lados, ni detrás, ni abajo.

Por ello, Nietzsche concluye que nuestro obrar debe determinar qué es lo que abandonamos y qué lo que nos abandona a nosotros, porque en estos abandonos corremos el riesgo de la renuncia de nosotros mismos, quedándonos tan sólo con un oficio erudito, pero también con un alma retorcida por la falta de alegría.

A la luz de los pensamientos nietzscheanos es importante recuperar el debate sobre las vocaciones y los destinos. Ponernos al menos un momento a reflexionar en lo siguiente: Hay lectores muy cultos incapacitados para la pintura y para la danza y para la música, del mismo modo que hay pintores que viven de tal modo su pasión que leen escasamente, y músicos y bailarines para quienes los libros son una posibilidad marginal pero nunca lo más importante, porque lo más importante para el pintor es la pintura como lo es la música para el músico y la danza para el bailarín. ¿Por qué tendría todo el mundo que desviar su camino para hacerse ávido lector y persistente escritor, si sus placeres le son suficientes y si, además, nos ayudan a mejorar nuestra vida con sus profesiones y mejoran nuestra diversidad de intereses con sus pasiones?

Ya Lucrecio, en el siglo I antes de Cristo, señalaba muy enfáticamente en su obra *De rerum natura*, que todo aquello a lo que nos entregamos con especial ahínco es lo que reclama más nuestra atención porque es lo que más nos gusta y, en consecuencia, lo que más alegría y placer nos entrega. Y siendo así, lo convertimos en algo habitual, sin exigirnos demasiado esfuerzo y con muy poca o ninguna contrariedad. A tal grado lo gozamos y nos sentimos alegres de practicarlo, añade Lucrecio, que ese hábito ocupa incluso nuestros sueños, nuestras fantasías e imaginaciones y no únicamente nuestras vigilias.

"Aquello que más reclamó nuestra atención es lo que casi siempre se nos presenta en los sueños", concluye. Y esto es válido lo mismo para el poeta que para el atleta, para el músico que para el guerrero, y aun para los animales, pues "podrás mirar —explica Lucrecio— que los perros de caza, muchas veces, en medio de la blandura del reposo, estiran con violencia las patas y emiten ladridos repentinos y husmean repetidas veces los aires como si hubieran descubierto la huella de la presa, y, más de una vez, se despiertan y siguen la imagen ilusoria de un ciervo como si lo vieran que se va huyendo, hasta que, disipado el encanto, vuelven en sí". Por su parte, "los hombres cuya mente está constantemente ocupada en memorables hazañas, durante el sueño las cumplen y las realizan".

Los lectores y escritores difícilmente podríamos refutar estos viejísimos conceptos e imágenes del gran poeta latino, pues si despiertos leemos y escribimos, dormidos soñamos que leemos y escribimos, y nada de esto nos tortura o nos parece aborrecible, porque sin duda lo disfrutamos, como parte maravillosa de nuestro feliz destino.

176

Hölderlin creía que el único poder más grande que la libertad individual, para determinar nuestro gusto y vocación, es el destino. Posiblemente, la de Hölderlin sea una creencia lírica y un tanto mágica, pero lo cierto es que, más allá de lirismos, existen también predisposiciones físicas e intelectuales, ya sean culturales o genéticas, que inciden poderosamente en nuestro aprendizaje y, en última instancia, en nuestra formación.

Hay abundancia de pruebas que nos revelan que no todo el mundo quiere ser lector ni tiene mayores deseos por ser escritor. Más aún: no todo el mundo puede serlo, porque en el *poder serlo* está también el *desear hacerlo.* Y todo el mundo tiene derecho a desarrollarse en donde mejor se sienta, sin que ello tenga que ser juzgado como una limitación de espíritu. Si así lo fuera, cuántos escritores y lectores no sólo están limitados para otras artes y disciplinas, sino incluso para la vida doméstica y la convivencia en general. Algunos escritores y lectores son de tal modo antisociales que no podríamos afirmar que la lectura y la escritura los convierte siempre en seres más abiertos y cordiales.

¿En qué son mejores que un músico y que un pintor, un lector y un escritor? Realmente en nada, si hablamos de arte y de disfrute cultural, porque un libro no sustituye a un cuadro ni a una sinfonía, aunque a veces gracias a los libros podemos quizá comprender y disfrutar mejor la pintura y la música. Pero también los libros pueden parecernos más profundos y más amplios si tenemos nociones de otras artes. En términos éticos y morales, nadie podría afirmar que ser lectores nos mejora más que ser músicos, pintores, bailarines, escultores, etcétera.

Hay que tratar de analizar las cosas razonablemente. Hitler no cometió las atrocidades que llevó a cabo porque fuera mal lector (incluso su historia de lector no es mala, sino todo lo contrario), sino porque ni siquiera la lectura constituye una barrera lo suficientemente poderosa para alejar de nosotros nuestra condición contradictoria de seres humanos que podemos realizar las cosas

177

más sublimes pero también las más inhumanas. Ni la lectura ni la escritura, y ni siquiera toda la cultura, nos pueden conceder un certificado de bondad. (Hitler era amante de la música, y, además, pintaba.) Lo que sí pueden hacer es mostrarnos nuestras potencialidades y revelarnos también nuestro desamparo y nuestra soledad.

Los lectores y los escritores no son, por sí mismos, y sin relatividades, mejores que los no lectores y los analfabetos. (Algunos no lectores o analfabetos nos han dado obras espléndidas en la música, por ejemplo.) Cuando partimos de generalidades, de clichés y de lugares comunes es natural que nos equivoquemos. Generalizar es no comprender.

Por todo ello, no olvidemos preguntarnos, a lo largo de nuestra vida lectora, de qué modo nos han mejorado los libros y la lectura. Y, si después de todo, concluimos que leer nos hace superiores sobre los que no leen, no olvidemos que, en nuestra calidad de lectores, si nos pasamos un semáforo en rojo o agredimos a alguien, o nos desesperamos con los problemas simples de la vida, sólo por mencionar cosas menores, no tendremos justificación ninguna; esa justificación que —bajo nuestros supuestos teóricos culturalistas— los que no leen sí tienen.

En relación con la barbarie nazi, el filósofo lituano-francés Emmanuel Levinas, admirador y seguidor de Martin Heidegger, sufrió una gran desilusión cuando supo que este gran pensador, al que tanto admiraba, se había afiliado al Partido Nazi en 1933, con un discurso en el que justificó el antisemitismo, y del que nunca se retractó. Levinas, que padeció directamente las consecuencias del antihumanismo alemán y perdió a casi todos sus familiares y parientes durante el terror nazi, horrorizado y decepcionado del autor de *El ser y el tiempo* escribió: "Se puede perdonar a muchos alemanes, pero hay alemanes a los que es difícil perdonar. Es difícil perdonar a Heidegger".

La lección de Levinas es palpitantemente actual: en tanto más cultura tengamos, en tanto más libros leamos, en tanto más sea nuestro vínculo con las potencias del intelecto y el espíritu, más imperdonables son nuestros actos contrarios a la humanidad, así sea como simples posturas cómodas, o acomodaticias, por cobardía, ante el poder del mal.

Por otra parte, los que leemos tenemos el deber moral e intelectual de no sembrar las semillas de la mistificación y los clichés fundamentalistas en relación con la cultura escrita. La simple idea de que los libros (en su soporte en papel, en este caso) son lo máximo, y que vale la pena morir y matar por ellos, es una extrapolación irracional aunque esté vinculada a la cultura; una visión más sentimental que inteligente, reforzada en gran medida por el clásico de la ciencia ficción *Fahrenheit 451*, de Ray Bradbury.

La iconolatría y el fetichismo de la mujer que se deja quemar junto con sus libros, divulgada por esta novela, no es muy lúcida que digamos, como tampoco lo es el mensaje del protagonista Guy Montag al prenderle fuego a su capitán en nombre de la cultura escrita.

Hay en todo esto una suerte de fanatismo cultural y sacralización de un objeto —el libro en papel— que se ha popularizado en función de apelar a un sentimentalismo de gran corrección política. En realidad, la ficción anticipatoria de Bradbury se ha ido diluyendo en la realidad. Para acabar con el libro en papel no hace falta prohibirlo ni mucho menos quemarlo: basta con no leerlo o con no imprimirlo.

Montag le dice a su esposa: "Tiene que haber algo en los libros, cosas que no podemos imaginar, para hacer que una mujer permanezca en una casa que arde. Ahí tiene que haber algo. Uno no se sacrifica por nada". La esposa le da una respuesta que no aprueba Montag ni aprobaría un lector convencido de la importancia de este romántico sacrificio: "Esa mujer era una tonta".

En el fondo, razonablemente, la muy poco solidaria Mildred, esposa de Guy, no está equivocada, aunque carezca de la simpatía con la que Bradbury dota a su protagonista. La mujer que se deja quemar junto con sus libros es, efectivamente, una tonta, pues la pérdida de los libros no tiene que equivaler a la pérdida de la vida, a menos que esos libros se hayan convertido en poderosos fetiches en los que haya depositado toda su felicidad.

Por lo demás, Montag se equivoca: las cosas que hay en los libros sí las podemos imaginar; justamente como las imaginaron sus autores. El problema de que las cosas y las ideas se conviertan en ídolos es que somos capaces de morir y matar por ellos al tiempo de que somos incapaces de examinar, racionalmente, nuestros actos y creencias.

Cuando dejemos de mitificar y mistificar los poderes de la escritura y la lectura, sabremos que mientras la vida se preserve siempre habrá la posibilidad de desarrollar el pensamiento y la imaginación, que es exactamente de lo que están hechos todos los libros. Entonces, también, podremos hablar más serenamente y admitir, sin generalizaciones, que leer es extraordinario para nosotros, aunque no necesariamente lo sea para los demás.

Y, finalmente, lo más importante de todo: abandonar las retóricas cursis y los sentimentalismos mentirosos a propósito del libro; éstos que llegan al necio extremo de sentenciar que "los libros son mejores que la vida" o que "escribir y leer son cosas mejores que vivir".

Por toda su falta de lógica, no hay afirmaciones más absurdas que las sentencias de esta índole, aunque a algunos les parezcan muy "creativas" y entusiastas para promover y fomentar la lectura. Si estamos en este mundo tenemos que reconocer, como principio básico, que la vida puede ser buena o que, en su defecto, es sin duda mejor que la muerte, porque si no es así, toda nuestra existencia es un sinsentido o, como dijera Norman Mailer, "resulta de una absurdidad tal que toda acción inmediata se convierte en absolutamente absurda". Con excepción, por supuesto, del suicidio, que es el único acto que le daría sentido al hecho de creer que la vida no vale nada o que vale muy poco en comparación con los libros: necia convicción a la que llegó la mujer que se deja quemar con sus libros en *Fahrenheit 451,* pues estrictamente lo que lleva a cabo es un suicidio, puesto que le dan la opción de abandonar su casa en llamas.

En el *Fedón,* Platón pone en labios de Sócrates esta gran verdad: "Siempre que veas a un hombre estremecerse y retroceder cuando está a punto de morir, es una prueba segura de que tal hombre ama no la sabiduría, sino su cuerpo".

Aun en el caso de que el término "vida" se utilice como una mala metáfora de la "experiencia" que no es libresca, las sentencias que afirman que los libros son mejores que la vida resultan embusteras además de erróneas. Escribir y leer son dos privilegios del vivir. *Únicamente dos* de los muchos a los que podemos tener acceso. Se vale, por supuesto, que haya gente que *sólo viva para escribir y leer.* El pleno ejercicio de su libertad se lo permite, y podemos lamentarlo o celebrarlo, pero no tenemos derecho a impedirlo.

Lo que sí podemos hacer es desmentir que los libros sean mejores que la vida, pues nadie que no esté vivo puede disfrutar (o padecer) los libros. Aprendamos a usar la lógica, y no abusemos del falso lirismo en detrimento de la verdad. Si de veras deseamos que haya más gente que disfrute la escritura y la lectura, lo primero que tenemos que decirle es que la vida es lo más extraordinario porque nos permite, entre otras cosas, escribir y leer libros. Lo otro, en cambio, es sólo un disparate, pues, como señala Hesse, "los libros no están hechos para hacer aún menos independientes a las personas dependientes, y tampoco para proporcionar una vida ficticia y barata a las personas incapacitadas para la vida. Tampoco hay que leer para olvidarnos de nosotros mismos y de la vida cotidiana, sino todo lo contrario: para volver a asir, tanto más conscientes y maduros, con mano firme, las riendas de la vida".

UNA ÚLTIMA COSA

△

Si tenemos así sea un mínimo contacto con el medio cultural, intelectual y literario, es natural que conozcamos a más de una figura prototípica de lector. Y, como parte de esta tipología, a veces uno tiene la oportunidad de conocer a tan pésimas personas que leen libros que difícilmente podríamos afirmar, sin relatividades, que los libros mejoran siempre, indefectiblemente, a los que los leen; a menos, claro, que esos muy malos individuos pudieran ser todavía peores sin escritura y sin lectura, lo cual sería aún más sorprendente.

Por lo anterior, si de veras creemos que leer nos mejora y nos sentimos noblemente impulsados a compartir esa mejoría con los demás, mediante la promoción y el fomento del libro y la lectura, resulta aconsejable que hablemos con la verdad, haciendo a un lado nuestros tópicos sentimentales y nuestro vasto arsenal de lugares comunes. Las frases célebres sobre la lectura admiten también ser examinadas y comprendidas.

Escribir y leer son cosas extraordinarias, estupendas y maravillosas, siempre y cuando los libros no se conviertan en meros sustitutivos de la inteligencia, la cultura y la ética, es decir de la vida misma. Por desgracia, hemos invertido las prioridades: creemos que es más necesario conocer la filosofía y la literatura, para desarrollar el intelecto, que conseguir una vida ciudadana ética y equilibrada donde también tengan cabida los oficios de la sensibilidad y el pensamiento. Para ser buenos ciudadanos y personas sensibles e inteligentes no basta con escribir y leer buenos libros.

No olvidemos el antiguo y sabio apotegma: *Primum vivere, deinde philosophari*; que admite una lectura mucho más trascendente que la que tiene que ver con satisfacer, en exclusiva, las necesidades básicas de la existencia, para después dedicarse a las artes y las ciencias; a la poesía o a la reflexión.

Hay algo más que eso, y Gabriel Zaid lo dice, de manera puntual, en *La poesía en la práctica*: "La cuestión de la vida es más importante que la cuestión de los versos, los negocios, la política, la ciencia o la filosofía. La cuestión de los versos, como todas, importa al convertirse en una cuestión vital".

Explica Zaid:

> Que una persona dedique toda su vida a un propósito, una idea, una causa, un imperio, es una desmesura que parece virtud en estos siglos egocéntricos, en los cuales el hombre ha tomado conciencia de las posibilidades del hombre, y su propio espectáculo de hacedor de mundos y señor del planeta se ha vuelto un relato épico. De ahí la aspiración a la grandeza, convertida en un ídolo ante el cual se ofrecen sacrificios humanos, sin excluir la propia vida.

Ante la desmesura egocéntrica, Fernando Savater recomienda que revisemos periódicamente nuestra cabeza para detectar si en ella no estamos incubando algunos síntomas reveladores de un mal mayor: "espíritu de seriedad, sentirse poseído por una alta misión, miedo a los otros acompañado de loco afán de gustar a todos, impaciencia ante la realidad", etcétera.

Que la vida es lo más importante de la vida lo supo incluso Goethe, a pesar de sus aspiraciones de Grandeza y de su idolatría por la Idea. Zaid nos recuerda que el autor del *Fausto* consiguió superar esta desmesura egocéntrica cuando admitió lo siguiente:

184

"Cuanto más lo examino, más me parece que lo importante de la vida es vivir". No es casual que en *Los años de aprendizaje de Wilhelm Meister* nos regale este consejo insuperable: "¡Acuérdate de vivir!".

Hermann Hesse, ese gran escritor alemán que fue muy leído en el siglo XX, sobre todo a partir de 1946, cuando le fue conferido el Premio Nobel de Literatura, y que hoy ha descendido del pedestal que le erigieron los lectores de antaño, creía que la verdad se vive y no se enseña; porque, en este punto, lamentaba que sus maestros constantemente le exigieran virtudes que ellos mismos no tenían: por ejemplo, leer para potenciar y enriquecer la existencia. Ante tal evidencia, al final de sus días, sentenció lo siguiente, con humilde sabiduría: "Los libros sólo tienen valor cuando conducen a la vida y la sirven y le son útiles, y cada hora de lectura que no produce al lector una chispa de fuerza, un presagio de rejuvenecimiento, un aliento de nueva frescura, es tiempo desperdiciado".

La cultura escrita es extraordinaria: un mundo maravilloso que vale la pena habitar, a condición de no sobrevalorar la ilusión frente a la realidad. Por culpa de los que quieren que la gente cambie la riqueza y la diversidad de la vida por la singularidad de la lectura es que los libros y el acto de leer parecen muy aburridos. Planteándolo así, no dan ganas de leer.

Por lo demás, si a partir de tópicos bienintencionados y sentencias ilustres, afirmamos tozudamente lo que no podemos probar, y hacemos propaganda de lo que no queremos cuestionar, entonces no habrá ningún argumento convincente para lograr más lectores, y en vez de promotores y fomentadores del libro seremos tan sólo los mismos lamentadores profesionales que se quejan todo el tiempo de lo mal que va la lectura.

Hay que evitar la obstinación irracional. Muchas personas, y más aún las que emitimos opiniones profesionalmente (escritores, críticos, maestros, académicos, investigadores y opinantes en general), a veces caemos en la fácil tentación de querer tener siempre la última palabra a propósito de todo y de otras cosas, *de omnibus rebus et quibusdam aliis,* como dijeran los clásicos. Pero lo cierto es que, como afirmó con sincera modestia Henry James, "no tenemos la última palabra acerca de nada". La realidad nos va imponiendo cada día, a cada hora, a cada minuto, a cada instante, su provisional última palabra: su último decir jamás definitivo.

Bien te vaya, lector, y que los libros te aprovechen.

Y una última cosa, que los libros también permiten:

–Acuérdate de vivir.

OTROS LIBROS QUE HAN ALIMENTADO A ESTE LIBRO

△

Amicis, Edmundo de, *Corazón. Diario de un niño*, prólogo de Juan Domingo Argüelles, Océano, México, 2000.

Bartolomé, Manuel y María Vidal, *Escritos y dichos sobre el libro*, Edhasa, Barcelona, 2000.

Béguin, Albert, *Creación y destino*, traducción de Mónica Mansour, Fondo de Cultura Económica, México, 1973.

Biblia de Jerusalén, Porrúa, México, 1988.

Botton, Alain de, *Las consolaciones de la filosofía*, traducción de Pablo Hermida Lazcano, Taurus, México, 2007.

Calderón, Alfonso, *Diccionario de voces desautorizadas*, prólogo de Guillermo Blanco, Nascimento, Santiago de Chile, 1979.

Cernuda, Luis, *Prosa completa*, edición de Derek Harris y Luis Maristany, Barral, Barcelona, 1975.

——, *Poesía completa*, edición de Derek Harris y Luis Maristany, Barral, Barcelona, 1977.

Comte-Sponville, André y Sylvie Thybert, *La vida humana*, traducción de Marta Bertran y Rosa Bertran, Paidós, Barcelona, 2007.

Fromm, Erich, *El arte de amar*, traducción de Noemí Rosenblatt, Paidós, México, 2004.

García Márquez, Gabriel, *Notas de prensa. Obra periodística 5: 1961-1984*, Mondadori, Barcelona, 1999.

——, *Vivir para contarla*, Diana, México, 2002.

García Sánchez, Jesús, *Filobiblón. Amor al libro*, Visor, Madrid, 2010.

Gelman, Juan, *País que fue será*, Seix Barral, Buenos Aires, 2004.

——, *Mundar*, Era, México, 2008.

Gilio, María Esther, *Emergentes*, Ediciones de la Flor, Buenos Aires, 1986.

187

Goethe, Johann W., *Obras completas,* recopilación, traducción, estudio preliminar, prólogos y notas de Rafael Cansinos Asséns, tomo II, Aguilar, México, 1991.

Hesse, Hermann, *Lecturas para minutos: Pensamientos extraídos de sus libros y cartas,* selección de Volker Michels, traducción de Asunción Silván, 2ª edición, Alianza, Madrid, 1976.

Hölderlin, Friedrich, *Empédocles,* traducción y notas de Anacleto Ferrer, prólogo de Michael Knaupp, Hiperión, Madrid, 1997.

Labarre, Albert, *Historia del libro,* traducción de Omar Álvarez Salas, Siglo XXI, México, 2002.

Levinas, Emmanuel, *Ética e infinito,* traducción de Jesús María Ayuso Díez, Antonio Machado Libros, Madrid, 2000.

Lichtenberg, Georg Christoph, *Aforismos,* traducción de Juan Villoro, Fondo de Cultura Económica, México, 1989.

Lucrecio Caro, Tito, *De la naturaleza de las cosas,* traducción e introducción de René Acuña, 2ª edición, Universidad Nacional Autónoma de México, México, 1981.

Manguel, Alberto, *Una historia de la lectura,* traducción de Eduardo Hojman, Joaquín Mortiz, México, 2006.

Marina, José Antonio, *Crónicas de la ultramodernidad,* Anagrama, Barcelona, 2000.

——, *El vuelo de la inteligencia,* Debolsillo, México, 2007.

Matthews, Gareth B., *El niño y la filosofía,* traducción de Carlos Valdés, Fondo de Cultura Económica, México, 1993.

Morin, Edgar, *Los siete saberes necesarios para la educación del futuro,* traducción de Mercedes Vallejos-Gómez, Nueva Visión, Buenos Aires, 2001.

Nietzsche, Friedrich, *El gay saber,* edición y traducción de Luis Jiménez Moreno, Espasa-Calpe, Madrid, 1986.

Ortega y Gasset, José, *Meditaciones del Quijote / Ideas sobre la novela,* 9ª edición, Ediciones de la Revista de Occidente, Madrid, 1975.

Platón, *Diálogos,* estudio preliminar de Francisco Larroyo, 5ª edición, Porrúa, México, 1967.

Quevedo, Francisco de, *Obras completas I. Poesía original,* Planeta, Barcelona, 1971.

Reyes, Alfonso, *La experiencia literaria,* Fondo de Cultura Económica, México, 1983.

Russell, Bertrand, *La conquista de la felicidad,* traducción de Juan Manuel Ibeas, prólogo de Fernando Savater, 2ª edición, Debate, Barcelona, 2001.

Saint-Exupéry, Antoine, *El principito,* traducción y prólogo de Marcelo Cohen, Losada-Océano, México, 1998.

Smith Semprún, Jaime, *La cara oculta de la inteligencia*, Alianza, Madrid, 2003.

Stevenson, Robert Louis, *Fábulas y pensamientos*, traducción de Emilio Tejada, 2ª edición, Valdemar, Madrid, 2002.

Trías, Eugenio, *El árbol de la vida. Memorias*, Destino, Barcelona, 2003.

Verlaine, Paul, *Los poetas malditos*, edición de Rafael Sender, Icaria, Barcelona, 1980.

Vizinczey, Stephen, *Verdad y mentiras en la literatura*, edición revisada y aumentada, traducción de Pilar Giralt Gorina, Seix Barral, Barcelona, 2001; segunda edición mexicana corregida y aumentada, Océano, México, 2004.

Zaid, Gabriel, *Leer poesía*, Debolsillo, México, 2009.

ÍNDICE ONOMÁSTICO

△

Esta obra fue impresa en enero de 2011
en los talleres de Edición Digital Cromática, S.A. de C.V.,
que se localizan en la Avenida Parque de Chapultepec 43,
colonia Fraccionamiento El Parque, Naucalpan, Estado de México,
La encuadernación de los ejemplares se hizo
en los mismos talleres.